新潮文庫

継体天皇

分断された王朝

関　裕二著

新潮社版

11700

はじめに

第二十六代継体天皇は謎《なぞ》の宝庫で、第十五代応神《おうじん》天皇の五世の孫（五世代目の孫）という出自の怪しさはもちろんだが、なぜ越《こし》（福井県）から連れて来られたのに、ヤマトにすぐ入らず、二十年間淀川《よどがわ》水系をうろうろしていたのか、この謎がいまだに解き明かされていない。

有力視されている説はある。ヤマトの旧体制側の抵抗があったというものだが、ならばなぜ、旧体制側が越から継体を招き寄せたのだ、という当然の疑念が沸き起こってくる。

答えはいたってシンプルだと思う。

継体天皇は尾張《おわり》（東海）と近江《おうみ》（滋賀県）地域の後押しを受けていたのだが、越と尾張や近江にとって、地政学的にどうしても手に入れたかったのが、淀川水系なのだ。

なぜ？　地図を開いてみればいい。越や尾張から瀬戸内海に抜けるには、ヤマトの盆地を通ると遠回りになる。越と尾張から陸路で近江の琵琶湖《びわこ》に出れば、舟に乗って瀬田川、宇治川を経由して淀川に出られる。淀川はそのまま瀬戸内に通じているから、日本海勢力や東国、近江は琵琶湖と淀川をおさえたかったのだ。瀬戸内海は冬でも往《ゆ》き来《き》が可能な貴重な内海なのである。

謎だらけの継体天皇の正体を解き明かすことができなかったのは、ヤマト側から継体天皇を見ていたからだ。継体天皇は近江で生まれ、越で育てられ、尾張とタッグを組んだ。この人物は、古いヤマト政権からみると、「あちら側の人」なのだ。ヤマト建国から六世紀に至るまでの古墳時代、流通の中心は瀬戸内海だったし、瀬戸内海勢力が、ヤマトの中心に立っていた。しかし五世紀後半に混乱状態に陥り、その隙《すき》をついて発展したのが「非瀬戸内海世界」であり、その中に東の「縄文文化的社会」も含まれる。そしてヤマト政権は、この新興勢力をあてにしなければ立ちゆかなくなったのだ。

ここに、旧瀬戸内海政権と非瀬戸内海世界の融合と暗闘の関係が始まったのである。そして継体天皇は、最後は妥協してヤマトに宮を建ててしまう。ならば旧体制側は、どのように継体天皇を取り込んでいったのだろう。

継体天皇の王統は今上《きんじょう》天皇に至るまで継続しているのだが、八世紀の朝廷は、なぜか継体の正体を抹殺し、また継体の支持母体である越や東海を含めた東国を仮想敵とみなし、警戒していくのだ。ここにも、大きな謎が生まれている。継体天皇を理解できないと、日本史の根幹が把握できない。継体天皇は古代史最大の謎と言っても過言ではない。王家の祖なのに、出自をもみ消されてしまった。継体天皇の謎を解き明かし、その正体を明確にしたい。

皇室関係系図

(『大化の改新』廣済堂出版より)

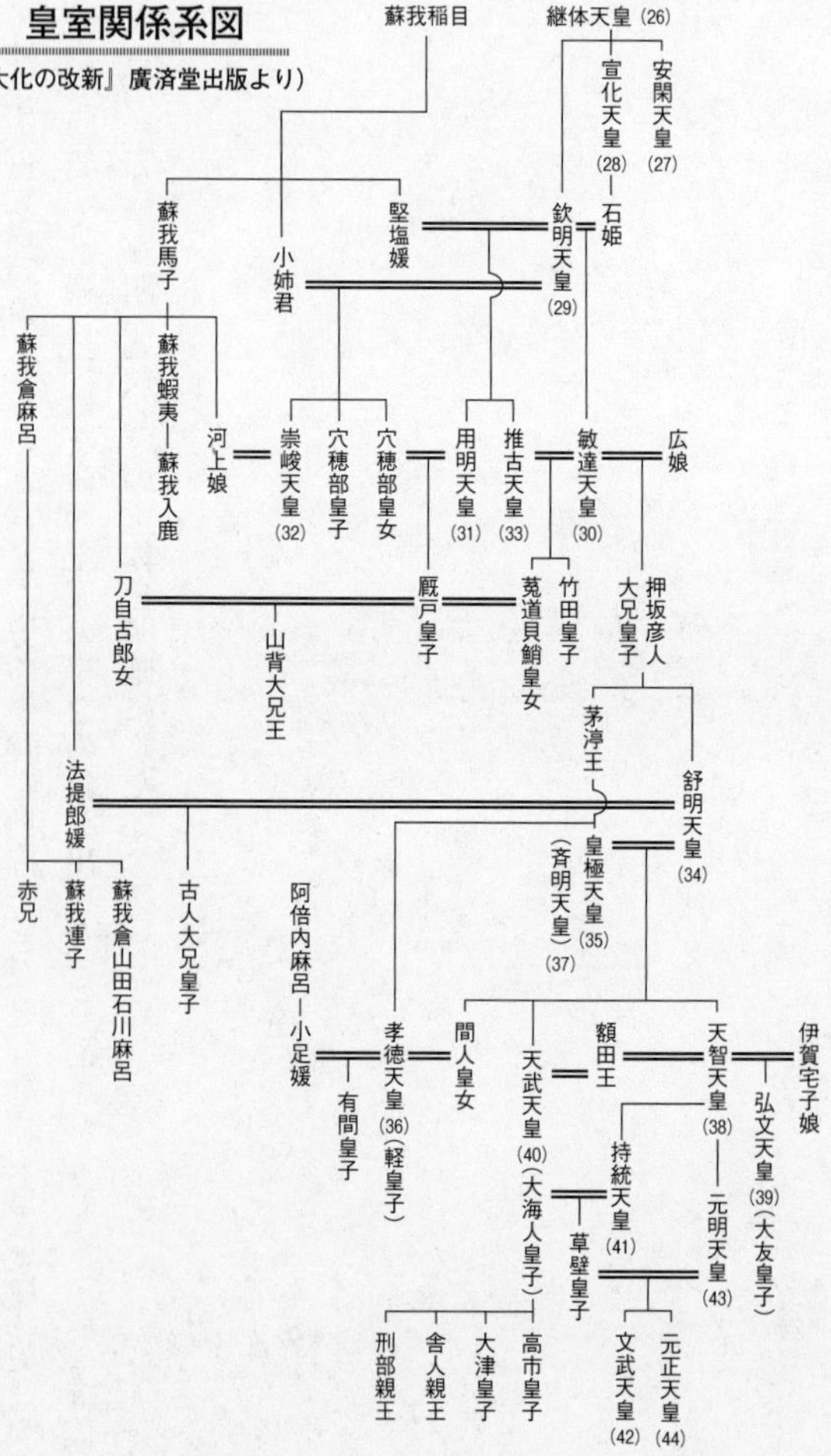

目次

継体天皇

分断された王朝

第一章　継体天皇という座標軸

なぜ応神から継体につながる系譜が途切れるのか

今上《きんじょう》天皇の祖をさかのぼっていくと、「確実にたどり着くのは継体天皇」と考えられている。ところが、継体天皇（男大迹王《おおどのおおきみ》）の出自と正体が明らかにされていない。困ったことに、天皇家の根っこがよくわかっていないのだ。

そもそも、なぜ応神天皇五世の孫が求められたのかもよくわからない。五世の孫に即位する資格があったのかどうかさえも、不明だ。継体天皇が即位した五世紀末から六世紀初頭、五世の孫は皇族として扱われていなかった可能性が高い。

どういうことか、説明しよう。

『続日本紀《しょくにほんぎ》』慶雲《けいうん》三年（七〇六）二月の記事に、「今までは、令《りょう》（行政法）に、五世王（親王を一世にしている）は、王の名を得られても、皇親ではないと定められていた」とある。これ以前に完成していた大宝律令（七〇一）の皇族や貴族の身分や継嗣（あとつぎ）を定めた継嗣令に、この規定があったのだろう。そして『続日本紀』の記事は、「これからは、五世王も皇親に入れる」と続いている。

律令は過去の不文律を明文化することが多かっただろうから、継体天皇の時代、

「五世王は親王ではない」と考えられていた可能性が高い。

ただし、この規定は、天平《てんぴょう》元年（七二九）八月には「五世王の嫡子《ちゃくし》以上と天皇の孫との間に生まれた男女は、皇親として認める」と微妙に修正され、延暦《えんりゃく》十七年（七九八）閏《うるう》五月には、元の規定にもどされている。つまり、五世の孫は一度皇親として認められたが、再び皇族ではなくなったのだ。

逆に言えば、養老四年（七二〇）の『日本書紀』編纂《へんさん》時には、五世王は皇親の限界として認められていたわけで、『日本書紀』編者は、この令や格《かく》の規定を継体天皇に当てはめて物語を構成していた可能性が高い。

なぜ王家と縁の薄い継体が求められたのだろう。先帝の第二十五代武烈《ぶれつ》天皇に子が無く、王統は絶えたと『日本書紀』はいうが、ヤマト周辺の皇族がこぞって蒸発してしまったわけではなかったはずなのだ。越《こし》から「田舎貴族」を連れてくる必然性は、どこにあったのか。そもそも本当に継体は応神の末裔《まつえい》だったのだろうか。

しかも『日本書紀』は、第十五代応神天皇から継体天皇に至る系譜を語っていない。かろうじて『釈日本紀《しゃくにほんぎ》』（『日本書紀』の注釈書）が『上宮記《じょうぐうき》』を引用してくれていたおかげでつながってみえるが、なぜ『日本書紀』が系譜を無視してしまったのか、大きな謎《なぞ》が残る。

当然、継体天皇の出現は王朝交替だったのではないかと疑われるようになった。

王朝交替を暗示する武烈紀の記事

中国の歴史書は、新王朝が前王朝を倒したことの正義を証明するために、前王朝の腐敗を記録し新王朝の世直しを強調するが、『日本書紀』も継体の前の代の武烈天皇の破廉恥《はれんち》で猟奇的な生活ぶりを、克明に記録している。

武烈二年秋九月、妊婦のお腹《なか》を割いて胎児を観《み》た。武烈三年冬十月、人の爪《つめ》を剥《は》がし、その手で山芋を掘らせた。四年夏四月、人の髪の毛を引き抜き、木に登らせておいて、その木を切り倒し、殺すのを楽しみにした。五年夏六月、池に人を放り込み、外に流れ出てくるところを三叉《みつまた》の矛で刺し殺して楽しんだ。七年春二月、人を木に登らせ、弓で射落とし、笑い転げた。八年春三月、あたたかな服を着て、民が凍えていることを忘れた。おいしいものを食し、天下が飢えていることを忘れ、遊興にふけった。

まだまだ悪行はあるのだが、訳すことができない淫靡《いんび》な内容も混じっているので、割愛する。

これら悪行と酒池肉林が実際に行なわれていたかというと、じつに怪しい。と言うのも、みな中国の『列女伝』などから引用して貼《は》り付けたもので、先帝の悪逆非道振りを誇張したものと考えられる。中国の歴史書の記述方法に倣《なら》っているとすれば、『日本書紀』はここで王朝交替が起きていたことを暗示しているようにも見えるのだ。

武烈は「最後の王」の要素をもっている。『日本書紀』は応神天皇の子の第十六代仁徳天皇を「聖天子」として礼讃《らいさん》している。応神、仁徳が新王朝とすれば、聖天子（仁徳）→大悪王（武烈）の流れと対比をもって、ひとつの王家が終わったことを示している。

継体天皇をわざわざ越から招き入れたのは、前政権が腐りきっていて、世直しをするためだったと、『日本書紀』は主張しているように思われる。

ただし、ひとつ大きな謎が残る。武烈紀の記事が王朝交替の「弁明」「正義の証明」と言うのなら、なぜ継体天皇が「旧王家とは違う新たな王家」だったと、胸を張らなかったのだろう。中国では、王朝交替は正義であり、正当性を獲得していた。これに倣ったのなら、なぜ、「応神天皇の五世の孫」という中途半端《はんぱ》な系譜を掲げて繕う必要があったのだろう。はっきりと、「王朝交替だった」と言えなかったのはなぜだろう。

じつは「王朝交替風」という設定こそ、『日本書紀』の「仕掛け」ではなかったか。継体天皇の本当の秘密は、王朝交替があったかどうかではないのに、そこに視線を釘《くぎ》付《づ》けにするための、ワナ、落とし穴、カラクリにしか思えない。

継体天皇には、もっと大きな秘密が隠されていて、そちらから目を逸《そ》らすために、「別の謎を大きくして見せた」のではなかったか。とすれば、その「本当の謎」を、探っていかなければならない。その「本当の謎」とはいったい、なんだったのか。

継体天皇即位のいきさつ

ここで、継体天皇即位をめぐる『日本書紀』の記事を追っていこう。

男大迹天皇《おおどのすめらみこと》（またの名は彦太尊《ひこふとのみこと》。継体天皇）は誉田天皇《ほむたのすめらみこと》（第十五代応神天皇）の五世の孫で、彦主人王《ひこうしのおおきみ》の子だ。母は振媛《ふるひめ》という。振媛は活目天皇《いくめのすめらみこと》（第十一代垂仁《すいにん》天皇）の七世の孫だ。彦主人王は、振媛の容姿が端麗で美しいことを聞き、近江国《おうみのくに》の高島郡《たかしまのこおり》の三尾《みお》（滋賀県湖西《こさい》地方北部）の別業《なりどころ》（別邸）から使いを遣わし、三国の坂中井《さかない》（福井県坂井市）から召し入れて妃《みめ》にした。振媛は天皇（継体）を産んだ。ところが夫の彦主

人王は早くに亡《な》くなってしまい、振媛は嘆き、

「私は今、遠く故郷を離れている。どうして親に孝養を尽くすことができるだろう。だから、高向《たかむく》（坂井郡高向郷《たかむくのさと》。現在の坂井市丸岡町）に帰って天皇をお育てしよう」

と言った。天皇は成長され、人を愛し、賢者を敬い、心は寛容でいらっしゃった。

男大迹王が五十七歳の時、武烈八年（五〇六）冬十二月、武烈天皇は列城宮《なみきのみや》（奈良県桜井市出雲《いずも》）で、崩御（天皇の死）した。武烈天皇には子もなく、後継は絶えようとしていた（元《はじ》めより男女《おとこみこおみなみこ》無くして、継嗣絶《た》ゆべし）。

そこで大伴金村大連《おおとものかなむらのおおむらじ》は、仲哀《ちゅうあい》天皇五世の孫の倭彦王《やまとひこのおおきみ》が丹波国《たにわのくに》の桑田郡《くわたのこおり》（山背国《やましろのくに》に接する地域。京都府北桑田《きたくわだ》郡《ぐん》と亀岡《かめおか》市）に乗輿《じょうよ》を守るための軍勢を添えてお迎えしようとみなにはかった。大臣《おおおみ》や大連たちはみな賛同し、実行されたが、倭彦王は、軍兵をみやって恐れ顔色を失い、山中に逃げてしまった。

次に大伴金村大連は、「男大迹王は性格が慈悲深く、孝行の念のあつい方だ。天位を継承されるべきだ」と述べると、物部麁鹿火大連《もののべのあらかひのおおむらじ》や許《こ》勢男人大臣《せのおひとのおおおみ》（蘇《そ》我《が》系）たちはみな「男大迹王しかいらっしゃらない」と首肯した。こうして越の男大迹王（継体天皇）が求められた。臣や連たちを三国に遣わして、お迎えにあがった。男大迹の振る舞いはすでに帝王のようだったが、男大迹王は使者たちを疑い、躊躇《ちゅうちょ》した。たまたま

知り合いだった河内馬飼首荒籠《かわちのうまかいのおびとあらこ》が、ひそかに使いを送り、臣や連たちの本当の気持ちを伝えた。ここに、男大迹王はようやく決心したが、嘆息し、次のように述べられた。

「馬飼首よ。お前がもし教えてくれなかったら、危うく天下の笑われ者になるところだった。世の人々が『貴賤《きせん》を重んじるのではなく、ただその心を重んじよ』というのは、まさに馬飼首のことをいうのだろう」

だから男大迹王は即位されたあと、荒籠を寵遇《ちょうぐう》された。

男大迹王は越を出立し、継体元年（五〇七）正月二十四日、樟葉宮《くすはのみや》（大阪府枚方《ひらかた》市楠《くず》葉《は》）に到着された。二月四日に大伴金村大連は跪《ひざまず》いて天子の鏡と剣の璽符《じふ》を奉《たてまつ》り、再拝した。この期《ご》に及んでもなお男大迹王は、「もっとほかに賢者がいるはず」と辞退しようとしたが、大伴大連は地に伏して、強く要請した。男大迹王は、「みなが私を推してくれているのなら、背くわけにはいかない」と、璽符をお受けになった。

男大迹王は即位し（以後、継体天皇）大伴金村大連を大連に、許勢男人大臣を大臣に、物部麁鹿火大連を大連に指名した。三月五日、手白香皇女《たしらかのひめみこ》を皇后に立てた。

こうして即位にいたる物語は終わったが、このあと継体天皇は、淀川流域の筒城宮《つつきのみや》

（京都府京田辺市）、弟国宮《おとくにのみや》（京都府長岡京市）を転々とし、ヤマトの磐余玉穂《いわれのたまほ》（「磐余」は桜井市の中西部から橿原《かしはら》市東部）に宮を遷《うつ》したのは、継体二十年（五二六）秋九月のことになる。足かけ二十年の彷徨《ほうこう》であった。

一般に、長期間にわたりヤマトに入らなかったことに関して、ヤマトの旧勢力が抵抗していて、これを二十年かけて継体天皇が上まわることができるようになったと考えられているが、それは間違いだと思う。継体天皇は淀川流域に拠点を構えたかったのであって、それを二十年かけて、旧勢力が邪魔し、ついに、継体が折れたというのが、本当のところではないか。そう思う根拠は、徐々に述べていく。

継体天皇はなぜ関東からやってきたのか

継体天皇をめぐる謎はいくつもあるが、ひとつ大切な見落としがある。「関東の後押しを受けて東からやってきた王だった」ことを軽視しているのである。

古代の「関東（重要な関［関所］の東側）」は、「三関《さんげん》」の東側を指していた。古代の東西を分ける関は、箱根の関ではない。伊勢国鈴鹿《いせのくにすずか》（三重県亀山市）・美濃国不破《みののくにふわ》（岐阜県不破郡関ヶ原町）・越前国愛発《えちぜんのくにあらち》（福井県敦賀《つるが》市南部の旧愛発村と滋賀県高島市マキノ町との境にある有乳《あらち》山《やま》付近）だ。継体天皇は三関の東からやってきた。越で育ち、東海地方の雄族《ゆうぞく》・尾張氏の娘・目子《めのこ》媛《ひめ》を娶《めと》って、東海勢力の後押しを受けてヤマト入りしている。いわば継体は「関東からやってきた王」で、「東に後押しされた王」なのだ。なぜこれが、問題視されないのだろう。

六世紀の継体天皇は今上天皇の祖で、このあと王統は断絶することはなかったが、奇妙なことに八世紀の政権は、三関の東を恐れるようになっていく。都で不穏な動きがあると、必ず三関を固く閉め、謀《む》反人《ほんにん》が東国に逃れ、反撃してくることを阻止した。これを三関固《こ》守《しゅ》と言っている。

くどいようだが、継体天皇は三関の東側からやってきた。その末裔の王家と政権が、なぜ自身の故地を恐れるようになったのだろう。ここに、大きな謎が隠されている。

日本列島を東西に大きく分ける文化圏の境界線が、関ヶ原や高山本線付近に現存することはよく知られるようになった。分かりやすい例は、かけそば（うどん）の汁の色で、東は濃い口醤油《しょうゆ》の黒い汁。西側は、薄口醤油の透明な汁だ。また、東西日本では言語やイントネーションに差がある。生活様式も違う。縄文人が家の中心で火を焚《た》いていたから、縄文的な文化を色濃く残す東日本の家では、囲炉裏《いろり》が守られ、弥生人《やよいじん》は竈《かまど》を使うようになったため、西日本には土間があって竈がある。東西の嗜好《しこう》や文化、生活様式は、決定的に違うのだ。

その理由を探っていくと、縄文時代の東西の人口分布の差の影響が大きいようで、東側は落葉樹林帯で西側は照葉樹林帯だった。さらに、鮭《さけ》の遡上《そじょう》している地域が東側に広がっていた。ちなみに、西の限界は兵庫県豊岡《とよおか》市の円山川らしい。毎年定期的に捕獲可能な、縄文人にとっての貴重な蛋白源《たんぱくげん》だった。

縄文時代後期に寒冷化が進み、関東や東に偏《かたよ》っていた縄文人たちは西側に移住していったというが、それでも、東西の文化の差は、いまだに歴然としている。だから、天皇家の祖が東側の勢力から後押しされてヤマトにやってきた事実は、無視できないし、のちの政権が三関固守にこだわったという事実は、文化の差を考えると理解できるとしても「先祖が東側からやってきた」のになぜ末裔たちは東を警戒したのかが、大きな謎になるのである。

継体天皇の謎は「座標軸」をいくつも持っていること

謎はまだある。たとえば継体天皇がいくつもの「座標軸」を持っていることだ。すでに述べた東西日本の葛藤《かっとう》のはざまにいたことがひとつ。そして、日本海と瀬戸内海の主導権争いという座標軸も持ち合わせている。

ヤマト建国当時から、瀬戸内海が流通を支配し、富を蓄え、ヤマト政権を支えていたが、五世紀後半に王家が中央集権化を目指し、政権内部で暗闘がくり広げられ、王統は混乱し、衰退していった。その隙《すき》をついて、日本海は力をつけていった（ヤマト建国以前の状態に戻った。詳細は後述）。継体天皇がヤマトに求められた時代、まさに瀬戸内海と日本海の主導権争いが起きていたわけで、これが二つ目の座標軸だ。

そしてもうひとつ、継体天皇の即位以降、大きく変わったのは、豪族たちの勢力地図と政策だった。旧勢力と新興勢力の入れ替えという座標軸の上に、継体天皇は立っている。

継体天皇の即位とほぼ同時に勃興《ぼっこう》したのは、蘇我氏と阿倍《あべ》氏だ。継体天皇を考える上でこれまであまり注目されてこなかったが、この二つの豪族の存在を無視することはできない。

蘇我氏はそれ以前から何度も『日本書紀』に登場していたが本格的に活躍を始めるのは六世紀以降だ。たとえば、蘇我氏が王家と婚姻関係を結ぶようになったのは、継体の子の欽明《きんめい》天皇の代からで、それ以前は、葛城《かつらぎ》氏や和珥《わに》（春日《かすが》）氏、尾張氏、物部（穂積《ほづみ》）氏、吉備《きび》氏らが、后妃《こうひ》を出している。

ちなみに、蘇我氏は長い間誤解されてきた。『日本書紀』によって古代史最大の悪人とレッテルを貼られ、近年に至るまでみなそれを信じてきたからだ。しかし、ようやく蘇我氏見直し論が展開されるようになってきた。蘇我氏は制度改革を仕掛け、激変する東アジア情勢に対応するために全方位外交を展開した開明派であり、継体天皇とともに、中央集権国家造りを手がけている。

阿倍氏はあまり知られていないが、平安時代に安倍晴明《あべのせいめい》が出現している。継体天皇が登場するまで中央での活躍がなかった人びとでもある。歴史に登場するタイミングは蘇我氏とほぼ同時だ。

継体天皇はヤマトの磐余玉穂宮に住まわれるが、阿倍氏や同族の膳《かしわで》氏は、この宮の周囲に集住していく。あたかも継体の親衛隊のような形だ。

継体天皇の妃のひとりに和珥系の荑媛《はえひめ》が登場するが（『日本書紀』）、『古事記』には、阿倍之波延比売《あべのはえひめ》とあり、阿倍系と思われる。ここで、継体天皇とのつながりが見えてくる。

舒明《じょめい》即位前紀には、蘇我氏と阿倍氏のつながりを示す興味深い記事が残されている。

推古天皇崩御を受けて、蘇我蝦夷臣《えみしのおみ》はひとりで次の皇位継承候補を決めようとしたが、群臣が反発することを恐れ、阿倍麻呂臣《まろのおみ》と相談し、群臣を大臣の館《やかた》に集めて饗応《きょうおう》して会議を開いたというのだ。

群臣を招くよりも早く蘇我蝦夷が阿倍麻呂臣に相談しているということは、この時蘇我蝦夷の側近のような役目を阿倍麻呂臣が担《にな》っていたことが分かる。それほど信頼し合っていたのだろう。

越や東海とつながっていた阿倍氏

もう少し阿倍氏の話をしておく。

『日本書紀』は第八代孝元《こうげん》天皇と鬱色謎命《うつしこめのみこと》（物部系）の間の子が大彦命《おおびこのみこと》と第九代開化《かいか》天皇だったという。また、大彦命は阿倍臣、膳臣、阿《あ》閉臣《へのおみ》、狭《さ》狭《さ》城山君《きのやまのきみ》、筑紫国造《つくしのくにのみやつこ》、越国造、伊賀臣らの祖だったと言っている。

また、阿倍氏は、東とのつながりが強い人びとでもあった。

崇《す》神《じん》十年九月条《じょう》に、四《し》道《どう》将軍の話がある。大彦命を北陸に、武渟川別《たけぬなかわわけ》（建沼河別《たけぬなかわわけ》）を東海に、吉《き》備《び》津《つ》彦《ひこ》を西道に、丹波道主命《たにわのみちぬしのみこと》（開化天皇の末裔）を丹波《たんば》に遣わしたとあるが、『古事記』は大毘《おおひ》古命《このみこと》（大彦命）の子の建沼河別命が阿倍氏らの祖とある。

「建沼河別」の「ヌナカワ」は、出雲《いずも》神《しん》とかかわる奴《ぬ》奈《な》川姫《かわひめ》の「ヌナカワ」のことで、日本を代表する硬玉ヒスイの原産地を流れる姫川（新潟県糸魚《いとい》川《がわ》市）を指している。他の地域でも硬玉ヒスイは産出したが、縄文時代からなぜか糸魚川市のヒスイが珍重された。

四道将軍の話をどこまで信じてよいか分からないが、阿倍氏は古い時代から継体天皇の育った越や縁のある東国と強く結ばれていたことはまちがいない。

ちなみに、蘇我氏は全盛期、飛鳥《あすか》周辺に工房を構え、ヒスイの加工を独占的に行なっていたが、蘇我氏の衰退後、ヒスイは忘れ去られてしまった。おそらく藤原氏が「前政権の遺物」と、嫌ったのだろう。ヒスイは太古の日本人の神宝《かむだから》であり、越の特産品として朝鮮半島にももたらされている。阿倍氏の祖がヒスイの産地の「ヌナカワ」を名に冠していた事実は、無視できない。

のちの時代に東北の蝦夷たちに「アベ」の名は人気が高く、彼らの多くは「安倍」を名乗っていくようになるが（その他「大伴」や「毛野」もいた。どちらも東北の人びととは親和性が高い）、それは阿倍氏が東国の人びとと強く結ばれていて、その上でヤマトに乗り込んだ人物群だったからだろう。

また「アベ」はアイヌ語の「火」を意味する「アピ」「アベ」を名にしたのではないかとする谷川健一の指摘もある（『白鳥伝説』集英社文庫）。この仮説を確かめるすべはないが、それほど阿倍氏と東国は強くつながっていた。他の豪族にはあり得ないことだ。そしてくどいようだが、継体天皇の登場後、阿倍氏は蘇我氏と共に、中央政界で活躍を始めている。

無謀な百済《くだら》救援となった白村江《はくすきのえ》の戦い（六六三）の少し前、斉明《さいめい》四年（六五八）是歳《このとしの》条《じょう》に、阿倍氏にまつわる記事が載る。越国守阿倍《あべの》比羅夫《ひらふ》が東北の沿岸にやってきた粛慎《みしはせ》（中国東北地方とロシア沿岸部の人びと）を討ったという。

またこの前後、阿倍氏（名をもらしているが比羅夫と思われる）が日本海側の蝦夷国に遣わされ、蝦夷征討を行ったとある。しかし、蝦夷征討そのものは、『日本書紀』の舞文《ぶぶん》だろう。そう思う理由はふたつあって、まず第一に、この時期、ヤマト政権と蝦夷は、蜜月《みつげつ》状態にあった。蘇我氏は盛んに蝦夷を飛鳥に招き、饗応している。

第二に、斉明六年（六六〇）には、蝦夷が阿倍比羅夫に「粛慎の船がやってきて、殺そうとしています」と、救援要請をしている。

第三に、百済救援のために遠征軍を組織しなければならない状況の中で、蝦夷と事を荒立てる必要はなかった。それにもかかわらず、東北に軍団を派遣したのは、粛慎が百済の仇敵《きゅうてき》新羅《しらぎ》の要請を受けて、日本海に進出し、ヤマト政権の朝鮮半島出兵を遅らせる目的があったからだろう。

そしてなぜ、阿倍比羅夫が派遣されたのかといえば、阿倍氏がこの地域と密接な関係をもっていて、土地鑑もあったからだろう。阿倍氏の活躍する場所は、日本海であり、東側で顕著なのだ。

なぜ阿倍氏に注目したのかというと、彼らは六世紀、継体天皇とともに越からやってきたと思うからだ。阿倍氏は、北側の日本海沿岸部を代表する氏族だったに違いなく、彼らの存在は、継体天皇の正体を知る上で貴重なヒントになると思う。

継体天皇と蘇我氏は越でつながる

継体天皇はなぜ求められたのか。その理由を探るために、これまでほとんど蘇我氏は話題に上らなかった。『日本書紀』の記録した擁立劇にまったく登場しなかったのが最大の原因だろうか。それは『日本書紀』の意図的な演出で、蘇我氏の素性を隠したのではなかったか。ならば、蘇我氏と越の関係を探らねばなるまい。

阿倍氏だけではなく、蘇我氏もなぜか越（日本海）と強い接点を持っている。

そこで注目したいのは、継体の母親の振媛のことだ。振媛の故郷は三国の坂中井で、「三国君《みくにのきみ》（公《きみ》）」の出身ではないかと考えられている。

『古事記』には、応神天皇と息長真若中比売《おきながのまわかなかつひめ》の間に産まれた子が三国君、波《は》多君《たのきみ》、息《おき》長坂君《ながのさかのきみ》等の祖と言っているが、『日本書紀』は、継体天皇に嫁いだ三《み》尾君《おのきみ》出身の倭《やまと》媛《ひめ》の子の椀子皇《まろこのみ》子《こ》が三国君の祖という。ここで、「三国」をめぐって食い違いが起きている。

『先代旧《せんだいく》事《じ》本紀《ほんぎ》』(『国造本紀《こくぞうほんぎ》』)に、第十三代成務《せいむ》天皇の時代、宗我《そが》(蘇我)臣の祖・彦太忍信命《ひこふつおしのまことのみこと》の四世の孫・若長足尼《わかながのすくね》が三国国造に任ぜられたと記す。彦太忍信命は武内宿禰《たけのうちのすくね》の祖父で、三国国造が蘇我系だったことがわかる。

ただし、史学者の多くは、この記事を重視していない。三国氏が権威づけのために蘇我氏や継体天皇の系譜に紛れ込んできたのではないかと疑っている。少なくとも、『古事記』と『日本書紀』を読むかぎり、三国氏と蘇我氏には縁がない。

しかし、越周辺の国造《くにのみやつこ》の多くは蘇我系だと『国造本紀』は記録する。たとえば、石川県と福井県の県境付近の江《え》沼《ぬ》国造は、第十八代反正《はんぜい》天皇の時代、武内宿禰の四世孫志波《しば》勝足尼《かつのすくね》が国造に任ぜられ、この人物が江《え》沼臣《ぬのおみ》の祖だとある。『古事記』孝元天皇段《だん》には、建内宿禰《たけのうちのすくね》(武内宿禰)の子・若子宿禰《わかごのすくね》が江《え》野財臣《ののたからのおみ》とあり、「江野」は「江沼」のことと考えられている。

『上宮記』に振媛の母が余《よ》奴臣《ぬのおみ》と記録されるが、これも「江沼」のこととされている。

ただ、簡単に「よ」と「え」の違いを同一と割り切って良いのかと、反論されそうだ。石川県小松市（古代のエヌ地方）の那谷《なた》金比羅《こんぴら》山窯跡《やまかまあと》群から出土した土器（六五〇年よりすこし前）に「与野評《よののこおり》（評《こおり》は郡ができる前の古い行政区分）」と刻まれていたこと、「ヨノ」「ヨヌ」と読むが、中世後期に至ると、江沼郡《えぬまぐん》は米郡《よねごおり》となる。ヨヌはエヌであろう。

そもそも、継体天皇の子らの名も、蘇我氏と関わっているという指摘がある（門脇禎二『継体大王の謎に挑む』越まほろば物語編纂委員会編　六興出版）。勾大兄皇子《まがりのおおえのみこ》（安閑《あんかん》天皇）の「勾」は、蘇我氏の地盤の中心部にある地名であり、『日本書紀』安閑元年（五三四）春正月条に、安閑天皇は都を「大倭国勾金橋《やまとのくにまがりのかなはし》（高市郡《たかいちぐん》金橋村曲川《まがりがわ》。現在の奈良県橿原市曲川町《まがりかわちょう》）」に遷したとある。檜隈高田皇子《ひのくまのたかたのみこ》（宣化《せんか》天皇）の「高田」も、蘇我氏の土地なのだ。ちなみに、「勾」のある橿原市曲川町の北東側に隣接して宗我坐宗《そがにますそ》我都比古《がつひこ》神社が鎮座している。

やはり、継体天皇と蘇我氏は、強い縁で結ばれている。それは、継体が越にいたときから続いてきた絆《きずな》であり、振媛がからんでいたのだろう。

はじめ継体は越の女性を召し入れていた？

継体天皇が越や尾張や東国の人脈に囲まれていたことに冒頭からこだわっているのは、三世紀前半のヤマト建国の直前、原初的な「纏向型《まきむくがた》前方後円墳」が西に広まる中、近江では前方後方墳（前も後ろも四角）が誕生し、真っ先に伊勢湾沿岸部（東海地方）に伝えられ、東国を中心に、伝播《でんぱ》していったからだ（植田文雄『「前方後方墳」出現社会の研究』学生社）。東西の埋葬文化圏の大きなくっきりとした色分けが生まれ、その、「前方後方墳を生み出し、受け入れた地域が継体天皇と縁の深い土地」だった。

ちなみに前方後方墳を採用した地域には、東海系器物《きぶつ》（S字状口縁台付甕《こうえんだいつきがめ》や多《た》孔平根《こうひらね》鏃《ぞく》など）が分布していた。とすれば、縄文時代から続く「東西に二分される日本」の東側と継体天皇の関係を無視することはできない。

つまり、「継体天皇が東の王」で、「前方後円墳文化圏（西）ではなく前方後方墳文化圏（東）の王」だったわけで、前方後円墳が全国に広まる直前の前方後方墳の広がりに関して、これまでほとんど注視されてこなかったところに、継体天皇を見誤ってきた落とし穴が隠されていたのではないかと疑っているからだ。

継体天皇だけではなく、蘇我氏も東国と接点がある。

蘇我氏は古い豪族だが、本格的に活躍するのは、六世紀の継体天皇の登場を待たねばならない。彼らは、越から継体天皇とともにヤマトに遷ってきたのだろう。蘇我氏全盛期に特徴的だったのは、東国の蝦夷との間の蜜月《みつげつ》状態であり、その理由を掲げるなら、阿倍氏のみならず、蘇我氏も越からヤマトにやってきたからではないかと思いいたる。

継体天皇を支えていたのは「東」や「前方後方墳文化圏（縄文文化圏的社会）」だった。これは、否定しようがないのだ。そこで、継体天皇と東のつながりに、もう少し注目しておきたい。

継体天皇は東海の雄族・尾張氏の娘の目子《めのこ》媛《ひめ》を娶ったが、それよりも早く、越の女性を娶っていたようなのだ。どういうことか、説明しておく。

門脇禎二は『継体天皇と今城塚《いましろづか》古墳』（高槻市教育委員会編　吉川弘文館）の中で、継体天皇の出自について、父方は近江の湖東の中部を地盤にした息長《おきなが》氏の血統につながり、母方は越前の三尾氏の出と指摘した。

『釈日本紀』（巻十三）に引用された『上宮記』と『古事記』の継体天皇をめぐる系譜を比較したのだ。

ちなみに、『上宮記』は、継体天皇が越で育ったいきさつを、次のように説明している。

継体の父・汗斯王《うしのみこ》（彦主人王）は弥乎国《みをのくに》の高島宮《たかしまのみや》（近江国高島郡三尾の別業）にいたとき、布利比弥命《ふりひめのみこと》（振媛）が美人であることを知り、三国の坂井県（三国の坂中井）に使者を送って迎えいれ、娶って生まれたのが乎富等大公王《をほどのおおきみ》（継体）だった。汗斯王が亡くなると、母の布利比弥命は「身内のいない国では育てることはできない」と、三国に帰り、多加牟久《たかむく》村（高向）に住まわれた……。

名の表記は異なるが、話の内容は、ほぼ『日本書紀』と同じだ。そして問題は、継体の祖の系譜だ。

『上宮記』の場合、継体天皇の祖は「凡牟都和希王《ほむつわけのみこ》（ホムツワケ）」になっていて、『日本書紀』の誉田別命《ほむたわけのみこと》（ホムタワケ）や『古事記』の品陀和気命《ほむだわけのみこと》とは、「タ」と「ツ」の差がある。ならば、「凡牟都和希王」とは何者なのか。

『日本書紀』は垂仁天皇の子に誉津別命《ほむつわけのみこ》がいたとあり、子供のころから言葉を発しなかったとある。『古事記』は、このホムツワケが出雲の大物主神《おおものぬしのかみ》の祟《たた》りのために、大人になっても言葉を発しなかったと言っている。とすれば、『上宮記』のホムツワケは、『日本書紀』に言うホムタワケではなく、『上宮記』の継体天皇は、垂仁天皇の六世の孫ということになる。これはいったいどういうことだろう。

その上で、門脇禎二は『上宮記』と『古事記』の継体天皇を巡る系譜がよく似ていることを指摘している。そのため、『上宮記』が先にできて、『古事記』がその記事を参照した可能性が高いというのだ。

不思議なのは、『上宮記』の凡牟都和希王の子が若野《わかぬ》毛二俣王《けふたまたのみこ》で、『古事記』も品陀和気命（応神天皇）の子が同じ名前だ。さらに若野毛二俣王の子の名が、よく似ている。さらに『古事記』の若野毛二俣王の母は息長真若中比売で、『上宮記』は弟比売《おとひめ》麻和加《まわか》になっている。『古事記』の息長真若中比売は、息長氏の系統に伝えられたものと思われる。そして、系譜が重なって見えるが、その理由は、四章であらためて説明する。

ここで注目しておきたいのは「ホムツワケ」と「ホムタワケ」の謎ではなく、継体天皇の父方の祖に、美濃の有力者がいて、母方の祖母の家が越の与野評（江沼）の有力者だったことだ。つまり、継体天皇と「東」のつながりが、『上宮記』からも見えてくるわけである。

ではなぜ門脇禎二は継体天皇が最初越の女性と結ばれたと推理したのだろう。

三尾君の若比売が最初の妻？

ここで改めて『上宮記』の系譜を詳しく追ってみよう。継体の父親・汗斯王（彦主人王）の父親は乎非王《をひおう》。乎非王の妻は久留比売命《くるひめのみこと》で、その父親が牟義都国造《むぎつのくにのみやつこ》の伊自《いじ》牟良君《むらのきみ》だ。牟義都とは岐阜県の北西側の武儀郡《むぎぐん》のことで、峠を越えると福井県の大野市に出る場所だ。母の布利比弥命（振媛）の母（継体の祖母）は余奴《えぬ》臣の祖・阿那爾比《あなにひ》弥《み》だが、余奴と言えば、与野評であり、江沼だった。

江沼の有力豪族は誰かと言えば、三尾氏だと、門脇禎二は指摘している。『日本書紀』には、継体は近江の琵琶湖の北西、高島郡の三尾で生まれたとあり、三尾氏といえば近江を連想するが、福井県の北側、港町《みなとまち》三国の近くに三尾という地名があり、ここで継体の母・振媛が生まれている。振媛は三尾氏系なのだが、三尾氏はもともと三国氏と同族だというのだ。継体天皇は、育った場所、三尾の女性と最初に結ばれたらしい。

さて、『日本書紀』は継体天皇の后妃を次のように記録している。順番に掲げると、次のようになる。

①手《た》白香皇女《しらかのひめみこ》（仁賢《にんけん》天皇皇女）、②目子媛（尾張連草香《おわりのむらじくさか》の娘）、③稚子《わかこ》媛《ひめ》（三《み》尾角折君《おのつのおりのきみ》の妹）、④広媛《ひろひめ》（坂田大跨王《さかたのおおまたのおおきみ》の娘）、⑤麻《お》績娘子《みのいらつめ》（息長真手王《おきながのまてのおおきみ》の娘）、⑥関媛（茨田連小望《まむたのむらじおもち》の娘、或いは妹）、⑦倭媛《やまとひめ》（三《み》尾君堅楲《おのきみかたひ》の娘）、⑧荑媛《はえひめ》（和《わ》珥臣河内《にのおみかわち》の娘）、⑨広媛《ひろひめ》（根王《ねのおおきみ》の娘）。

これに対し、『古事記』は少し順番が違う。

①若比売（三尾君らの祖）、②目子郎女《めのこのいらつめ》（尾張連らの祖）、③手《た》白髪命《しらかのみこと》（仁賢天皇の娘）、④麻組郎女《おくみのいらつめ》（息長真手王の娘）、⑤黒比《くろひ》売《め》（坂田大俣王《さかたのおおまたのみこ》の娘）となる（以下省略）。

問題は、『日本書紀』が真っ先に手白香皇女を掲げているのに対し、『古事記』は若比売を記録していることだ。手白香皇女は継体が即位する時にヤマトの旧王家の女性を娶り皇后に立てたために、先頭に記録された。彼女の子が欽明天皇となり、その後の王家につながっていく。『日本書紀』にとって最も重要な権威ある妃だ。これに対し『古事記』は、「最初に結婚したのは三尾君の若比売」だと記録している。つまり、継体天皇は尾張の目子媛を娶るよりも先に、地元の女性と結ばれていた可能性が高いと、門脇禎二は指摘したのだ。その通りだろう。

継体天皇は東西日本をわける、越や東海地方をつなぐラインと強く結ばれていた、ということなのである。

東の重要性をみなおす必要がある

『上宮記』に登場した汗斯王（彦主人王）の母親は美濃の豪族・牟義都国造の娘だったが、「牟義都」が意外な広がりを見せる。

これは余談だが、『日本書紀』に、牟義都君の祖はヤマトタケルの兄・大碓命《おおうすのみこと》だったとある。じつに興味深い人脈だが、話し出すと長くなるので、ここでは追いかけない。それはともかく……。

大橋信弥は『継体天皇と即位の謎』（吉川弘文館）の中で、継体天皇が尾張氏と婚姻関係を結んだ背景に、古い時代からの東方とのつながりが想定できると指摘している。

これまで継体天皇に限らず、古代史に占める「東」の重要性は、ほとんど無視されてきた。だから、継体天皇の正体を明かすことができなかったのだと思う。
あまり知られていないが、ヤマト建国前後（三世紀）の近江・東海地方の活躍はめざましく、ヤマト建国の端緒は、近江と東海地方の人びとが奈良盆地の東南の隅に流れこんだことに求められる。いわゆる纒向遺跡の誕生だ。あわてた吉備と出雲が、このあと纒向（奈良県桜井市の三輪山山麓《さんろく》の扇状地）に集まってくる。

纒向に集まった外来系土器の約半数が東海地方のものだったから、ヤマト建国に占める「東」の影響力の大きさがわかる。もっとも、考古学者の大御所たちは、「東海地方の人びとは労働力として駆り出された」と言っていたが、ヤマト建国が「東の反撃」だったことは、最新の研究によって、次第に明らかになってきている。この話は、おいおい説明して行く。

ちなみに、関東地方に本格的な水田稲作文化と技術がもたらされるのは、北部九州で稲作を始めて数百年の年月を要していた。東国や関東は、西日本とは異質な文化圏で、だからこそ前方後円墳ではなく前方後方墳が真っ先に取り入れられたのだが、その後も、たとえば古い時代の古墳の埋葬者の頭位《とうい》は、畿内では「北優位」なのに対し、関東では「東優位」だった。また、成立期の古墳では、割竹形木棺《わりたけがたもっかん》に竪穴式石室《たてあなしきせきしつ》はセットになっていたが、この組み合わせは東日本では、組み合わせ式の長い木棺だった

（岩崎卓也『古代を考える　古墳』白石太一郎編　吉川弘文館）。東と西の文化の差は大きい。

また岩崎卓也は、東日本一円の古墳の地域的特質は、「けっして後進的なことだけの現象ではない」と言い、九州や四国地方の古墳も、近畿園とは異なる個性が見《み》出《いだ》せるとして、「美濃以東の地は、ヤマト王権を形づくる政治連合内でも独自の境地を維持していた」というのである（『古墳の時代』教育社歴史新書）。

ただし、大化改新（六四六）の段階になると、三《み》河《かわ》から信濃《しなの》の東側にいち早く国司が派遣されて、律令制度のモデル地区のような場所になっていく。それはなぜかというと、ヤマト建国の前後に、畿内や周辺から、東国に人が移動し、古墳時代を通じて、新しい技術を植え付け、関東が発展していったからだ。西日本とは違い、東国はヤマト建国の恩恵をもっとも受けた地域であり、ヤマト政権や王家（天皇家）に対する信頼の度合いが、高かったわけである。

ここで、三世期以降、関東に流入した文物について触れておきたい。

関東へは、ヤマト建国の前後、越と東海から、文物がもたらされた。越では、弥生時代後期に高地性集落が造られ、緊張した状況が出来《しゅったい》したようだ。一方で越前から越中にかけて大型の方形台状墓《ほうけいだいじょうぼ》が造られていたが、邪馬台国の時代になると、高地性集落が姿を消し、一帯の土器が方々に拡散していった。弥生時代後期後半から庄内式期初ごろ（三世紀初頭）、信濃の北部や福島県西部と中部に越の北東部の土器が流れ込み、量が次第に増え、さらに南東地方や東北地方の太平洋側まで、拡散していった。日本海側から信濃川（千曲川）や利根川などの河川を利用して、内陸部や太平洋側に、越から文物が送り込まれていったわけだ。「庄内式期」とは、各地から纏向に土器が流入し、庄内式土器が生まれたころを指している。

ところが、布留《ふる》式《しき》期中段階に、この流れがぴたっと止まる。布留式とは、纏向に定型化した前方後円墳・箸墓《はしはか》（箸中山《はしなかやま》古墳）が造られたあとの土器型式をいっている。三世紀後半から四世紀にかけてのことだ。そして、何が起きたかというと、太平洋側を東に進むルートがとられていった。どうやら、北陸と東海が手を組んだようなのだ。北陸と東海の東国への影響力は、ヤマト建国前後から、すでに強かったことがわかる。

やはり、継体天皇と東のつながりは、ヤマト建国前後から続く因縁を帯びていると思う。

生まれ故郷の近江とも継体はつながっていた

継体天皇を支えていた地域を、「前方後方墳文化圏」と括《くく》ってもよいと思う。たとえば、前方後方墳発祥の地と考えられている近江も、継体と縁が深い。『日本書紀』は継体天皇の父が別業（別荘）を持ち、ここで継体は生まれたといい、さらに『古事記』は、継体は越ではなく近江からヤマトに向かったといっている。

継体天皇は坂田大跨王の娘の広媛を妃に迎えているが、坂田郡は琵琶湖東岸に位置し、同じ地域の息長真手王の娘・麻績娘子も、娶っている。この一帯は息長氏の地盤であり、継体天皇と近江の強い結び付きを示している。

坂田郡は琵琶湖の東側だが、西側の勢力も無視できない。そもそも継体天皇は琵琶湖の西北側の高島郡で生まれたといい、一帯に拠点を構えていたのは和珥系豪族だった。

継体天皇は、中央に進出した和珥（和邇《わに》、丸邇《わに》）氏と強く結ばれていた。『日本書紀』は継体の妃のひとりに「和珥臣河内の娘荑媛」の名を挙げる。継体の后の中で、唯一《ゆいいつ》中央有力豪族の出身だった。継体天皇はヤマト入りする以前、山背《やましろ》の淀川水系をうろうろしていたが、この一帯は和珥氏のテリトリーでもある。

『古事記』開化天皇の段に、和珥氏にまつわる興味深い系譜が書かれている。和珥氏系の皇族の中に、山背南部からヤマト東北部の、まさに和珥氏の勢力圏の名がひしめいていたのである。

系譜を掲げてみよう。開化天皇は、丸邇（和珥）臣の祖・日子国意祁都命《ひこくにおけつのみこと》の妹の意《お》祁都比売命《けつひめのみこと》を娶り、日子坐王《ひこいますのみこ》が生まれたとある。さらに、日子坐王は山代之荏名津比《やましろのえなつひ》売《め》を娶り、生まれたのは大俣王《おおまた》と小俣王《おまた》、そして志夫美宿禰王《しぶみのすくね》だ。また春日建国勝戸《かすがのたけくにかつと》売《め》の娘、沙本之大闇見戸売《さほのおおくらみとめ》を娶って生んだ子は沙本毘古王《さほびこ》、袁邪本王《おざほ》、沙本毘売命《さほびめのみこと》、室毘古王《むろびこ》。次に、近淡海《ちかつおうみ》の御上《みかみ》の祝《はふり》（神主）の奉斎する天之御影神《あめのみかげのかみ》の娘・息長水依比《おきながのみずよりひ》売《め》を娶って産まれた子は丹波比古多々須美知能宇斯王《たにはのひこたたすみちのうし》ら。そして、母の妹の袁祁都比売命を娶って生んだ子は山代之大筒木真若王《やましろのおおつつきのまわか》らで、日子坐王の子は全部で十一人いたとある（一部省略）。

大橋信弥は「継体が直接大和の中枢部《ちゅうすうぶ》に入らず、南山城《みなみやましろ》にしばらくとどまったのは、大和内部にそれを阻害する勢力が存在したこともあるが、和邇氏の勢力を背景に、大和への進出を窺《うかが》っていたと考えられるのではなかろうか」とする。また、和珥系豪族（角山君《つのやまのきみ》、小野臣《おののおみ》、近淡海国造、粟田臣《あわたのおみ》）の分布が、継体天皇のヤマト入りのルートと重なり、さらに継体の生まれた高島三尾を取り囲むように分布していると指摘している（『継体天皇と即位の謎』）。

物部《もののべ》氏や蘇我氏、あるいは大伴氏の陰に隠れて和珥氏はあまり注目されてこなかったが、多くの女性を王家に送り込み、隠然たる力を保ち続けた人びとだった。その和珥氏と、継体天皇はつながっていたし、やはり、越から近江にかけて、継体天皇と有縁の人々の拠点が存在したことが分かる。

くどいようだが、前方後方墳が生まれたのは近江であり、三世紀の纏向出現の時代に、近江や東海から、前方後方墳が東に向けて伝播《でんぱ》していった。継体天皇は、やはり前方後方墳文化圏と強く結ばれていたことがわかる。

継体天皇の出現は王朝交替なのか

なぜ継体天皇は東からやってきたのか。なぜ継体天皇にからみつくのが、前方後方墳ネットワークの人びとなのか。

ここでどうしてもふり返っておかなければいけないのは、継体天皇の出現が王朝交替だったのではないかという疑念だ。ただし、王朝交替だったとしても「なぜ東から王家がやってきたのか」という疑念はほとんど持ち上がらず、西から東に征服王がやってきたと、かつては大真面目《おおまじめ》に語られていたのだ。その点を踏まえて、論争をふり返っておこう。

継体朝が新しい王朝かどうか、問題提起は、戦後になってからされたものだ。まず敗戦によって、万世一系の天皇という天皇観の呪縛《じゅばく》は解き放たれた。そして、昭和二十三年（一九四八）に江上波夫が騎馬民族日本征服説を発表し、戦前の皇国史観を打ち破る役目を担《にな》った。

江上波夫は、騎馬民族日本征服説の根拠を、おおよそ次の八つにまとめている（『騎馬民族国家』中公新書）。

① 古墳文化が前期と後期で異なっている。

② ①の変化があまりにも急激だった。

③ 農耕民族は保守的で、他の文化を受け入れない。

④ 後期古墳文化は、大陸や朝鮮半島の北方系騎馬民族文化複合体とみなせる。何者かがもたらした。

⑤ 牛馬が少なかったのに、古墳時代後期に、馬の飼育が急速に普及した。

⑥　後期古墳文化は騎馬民族的で王侯貴族的。武力制圧の可能性が見出せる。
⑦　後期古墳の所在地と軍事要地は重なっている。
⑧　世界史的にみても、騎馬民族はよく海を渡る。

つまり、北方の騎馬民族が朝鮮半島を経由して北部九州に到達し、その後ヤマトにやってきて、倭人《わじん》を征服し、支配したと言う。この仮説は、東アジア全体を見据えた広い視野で、新しくスケールの大きな日本史像を提供したとして、戦後の史学界に衝撃を与え、影響力は甚大《じんだい》だった。

昭和二十七年（一九五二）には、水野祐が騎馬民族日本征服説に触発され、三王朝交替説を掲げている。古王朝（崇神朝）、中王朝（応神朝）、新王朝（継体朝）の三つの段階を経て、今日の天皇家につながっていったと主張した（『日本古代王朝史論序説』小宮山書店）。その仮説の内容は、以下の通り。

崇神天皇が、西暦二〇〇年ごろ奈良盆地に成立していた「先王朝」を継ぎ、日本で最初の王朝をうち立てたといい、先王朝と崇神天皇の王朝を足して、古王朝と呼んでいる。呪術的支配の世界だったという。ところが、第十四代仲哀天皇が九州征討で、熊襲《くまそ》（狗奴国《くなこく》）との戦いに敗れ、狗奴国が征服戦を展開し、新たな中王朝（仁徳王朝）

を開いた。これが、神武東征説話の真相だという。そして最後に、越の継体天皇を大伴氏が擁立し、新王朝が広い範囲を統一したというのである。

また、継体の応神天皇の五世の孫という『日本書紀』の記事は信憑性《しんぴょうせい》が低いと考え、前王朝と血のつながりはないと考えた。しかも、即位後二十年近くヤマトに入ることができなかったのは、継体政権の弱い立場を表しているという。

三王朝交替説も大きな影響力を持ち続け、さらに、いくつもの王朝交替説が提出されるようになった。

一方直木孝次郎は、水野祐の考えを支持しつつも、継体天皇をモデルにして神武天皇の説話が誕生したと推理した。地方出身者がヤマトに乗り込んだという話や、崩御ののち後継者争いが勃発していたという、共通の話が出てくるからだ。

さらに、継体天皇は越や近江の地方豪族で、応神天皇五世の孫は自称にすぎず、五世紀末のヤマト政権の混乱の隙をつき、武烈天皇崩御に乗じて、河内と山城に進出し、大伴氏と手を組み、二十年の年月をかけ、国家を統一したと言う。

井上光貞も、応神天皇五世の孫という系譜を作為的とみなした。律令の規定に配慮した「五世」だという。そもそも『日本書紀』が応神と継体の間の系譜を記さなかったことも、ふたりの関係を暗示していると指摘した。その上で、継体は近江周辺の大勢力で、ヤマトに婿入《むこい》りしたと推理したのだった（『飛鳥の朝廷』講談社学術文庫）。

これに対し、応神と継体の血はつながっていたとする考えが、次第に支持されるようになっていく。坂本太郎は『上宮記』について、使用文字の特殊な古音の用い方は、天寿国繡帳《てんじゅこくしゅうちょう》と同じで、推古朝《すいこちょう》をあまり下らない時代に製作されたと言い、『日本書紀』は、継体天皇の系譜を『上宮記』やその類《たぐい》の文書を参考にしたのであって、「天皇の世系や本貫などは信ずべき史料によっている」と指摘したのだ（『日本古代史の基礎的研究 上』東京大学出版会）。

応神天皇は仲哀天皇の子ではない？

継体天皇の出現が「王朝交替」だったという推理は一九五〇年代に盛んになったが、一九六〇年代になると、新王朝ではなかったという推理が、出現し、定着した。ところが一九七〇年代になると反論も出た。

吉井巌は、継体天皇の祖とされる応神天皇は、新王朝をうち立てた継体天皇が、先王朝の継承者であることを示すために、先王朝の祖の仁徳の父親に応神天皇をあてがったと考えた（『天皇の系譜と神話』塙書房）。

さらに、応神天皇には物語的人物と新王朝初代の天皇として「歴史的実在者としての印象」が交錯していると言う。

そして、『日本書紀』と『古事記』の各天皇の出生の由来は、天皇の冒頭の記述と、その父（父祖）の記録の中で登場するという大前提を示した上で、諸天皇の出生記述を調べたのだ。すると、父祖の記事の中で紹介されなかった天皇が何例か確認できることを見つけた。『古事記』の場合、顕宗《けんぞう》、仁賢、継体で、『日本書紀』では、応神、顕宗、仁賢、継体、舒明、皇極《こうぎょく》（斉明）、孝徳《こうとく》、文武《もんむ》の各天皇だ。しかも彼らの共通点は「天皇たる身分のものの子ではなく、天皇の孫以下の存在」なのだ。

問題は、応神天皇が、これらの天皇の中でさらに異質で、『日本書紀』は応神天皇が仲哀天皇の子なのに、仲哀天皇の皇子女記述の中に、示されていないことなのだ。「孫以下ではない」のに、これは例外中の例外なのだ。仲哀天皇紀の気長足姫尊《おきながたらしひめのみこと》（神功《じんぐう》皇后）が皇后に立てられたという記事の中でさえ、なぜかふたりの間に応神天皇が生まれたとは書いていない。

吉井巌は、「仲哀紀の系譜的記述と応神との間に疎遠な関係がもと存在してゐたことを推定せざるを得ない」と言う。要は、仲哀天皇と応神天皇の間に系譜上の断絶を想定しているわけだ。この指摘は、無視できない。後にのべるように、似たことは住吉大社の伝承にも残されていたからだ。

　吉井巌はさらに続ける。

　応神天皇五世の孫という『日本書紀』の掲げた系譜の意味を考えるに、継体天皇は本当は応神天皇の子の仁徳天皇の王家に婿入りし継承したのではないかと推理した。つまり、応神は仁徳王朝の伝説的「始祖」にすぎず、本物の初代王は仁徳であり、したがって、継体天皇は実際には仁徳王朝に「初代の仁徳から別れて、その末裔が戻ってきた」わけで、となれば「分家の婿入り」になる。しかし、応神を始祖王に仕立て上げて継体をその末裔と系譜を設定すれば、仁徳の王朝と同等の立場になるというのである。

　つまり、『日本書紀』を編纂した王家は継体天皇の末裔だから、王家の権威を高めるために、継体天皇をわざわざ応神天皇の末裔にしたということになる。

　さらに、吉井巌は最初『上宮記』の継体天皇の祖の凡牟都和希王を「ホムタワケ王」と解釈して応神天皇（ホムタワケ）と同一と考えていたが、ここは素直に「ホムツワケ王」と読むべきだと主張した。

『日本書紀』はホムタワケ（応神）の五世の孫が継体と言い、『上宮記』は「凡牟都和希王の五世の孫が乎富等大公王」と言っているのであって、『日本書紀』と『上宮記』は、別の人物を祖として考えている可能性があるというのだ。

そして「ホムタワケ王」ではなく「ホムツワケ王」なら、第十一代垂仁天皇の子供に「誉津《ほむつ》別皇子《わけのみこ》」が実在し、継体の始祖を崇神・垂仁天皇の王家に求められる。しかし、始祖を仁徳天皇に結びつけるために、本当は「ホムツワケ王」とされていたのに、『日本書紀』は「ホムタワケ王」に切り替えたのだろうという。新たな系譜が、王朝ごとの都合によって改変されたという推理である（『ヤマトタケル』学生社）。

継体天皇をめぐる謎解きは、複雑怪奇だ。

継体天皇は息長氏だった？

岡田精司は、継体天皇の出身氏族が近江の息長氏だったと推理した。それまでも、「地方豪族かもしれない」と、漠然と疑われていたが、具体的な仮説を提出したのだ。

古代日本の国家形成過程において、いわゆる「王朝交替」の概念を入れなければ説明の困難な事象が多く、われわれは「万世一系」の観念から解放されることによって、自由な眼で『記紀』を検討しなければならぬだろう（『古代の地方史　3　畿内編』亀田

隆之編集　朝倉書店）。

こう述べた岡田精司は、継体天皇について、近江国の湖北地方出身の「豪族」であって、琵琶湖の湖上交通路と敦賀《つるが》港を支配し、広域交易ルートを活用して経済力をつけ、近畿北部から北陸、東海地域の加勢を得て権力を握ったと結論づけている。

岡田精司は、継体天皇を近江出身の豪族と考える根拠を、三つあげている。要約する。

①継体の出身地を『日本書紀』は母方の越前の三国と言っているが、『古事記』は、「近淡海国より上り坐《いま》さしめて」と明記している。

②継体の系譜は、父祖以来、近江地方に土着している。

③近江の豪族は、「君」のカバネを持ち、皇親と称している者が多い。

さらに、継体が近江の息長氏を母体にしていた理由を、次のようにまとめている。

①息長氏の系譜は『記・紀』の皇統譜と幾重にも繰り返し重なっている。

②天皇や皇族の名（和風諡号《しごう》）に「息長」の語が含まれる例が多く、祖先や天皇に特定の氏族名を含む例は他にない。

③舒明天皇の葬儀の場面で、息長山田公が「日嗣《ひつぎ》」のことを誄《しのびごと》している。大王の身内だからだろう。

『日本書紀』や『古事記』以前の記録からも息長氏が大王家の末裔だったことが読み取れるが、岡田精司は王朝の起源にかかわる伝承に、息長氏が足跡を残していることに注目している。

また息長氏は応神天皇の末裔（『古事記』）で、天武天皇の時代に八色《やくさ》の姓《かばね》の最高の地位にある「真人《まひと》」を下賜《かし》された皇親氏族だ。応神天皇の母・神功皇后の名は「息長《おきなが》帯比売命《たらしひめのみこと》」で、応神天皇の妃に「息長真若中比売」がいる。このように、応神天皇も息長氏とつながっていた。

継体に嫁いだ妃のひとりに息長真手王の娘の麻績娘子《おみのいらつめ》がいて、神功皇后から応神天皇をへて継体天皇に至るまで、息長氏と深く結びついている。

ところで岡田精司は、継体天皇が二十年間北河内《きたかわち》・南山城を転々としていた点に関して、（直木孝次郎が唱えたように）奈良盆地に対抗する旧勢力がいたこと、具体的にそれは平群《へぐり》氏だったと推理した。『日本書紀』は武烈天皇と平群氏は皇位継承権をめぐって争ったと記すが、実際には平群氏が継体天皇に対抗して武烈天皇を擁立したというのだ（二朝併立ということになる）。

岡田精司の論考で無視できないのは、「継体系の大王の勢力基盤として東国が重視されることが、それ以前と際立《きわだ》って異なるところである」と指摘している点だ。五世紀の河内王朝は海人を近侍《きんじ》させ、護衛をさせていたが、継体天皇の場合は東国の国造の子弟からなる舎人《とねり》によって編成されたと特記している。

平群氏が武烈天皇を担《かつ》ぎ上げたという推理を、支持することはできないが、息長氏にスポットライトを浴びせた点は画期的だった。継体天皇をめぐる私見は、二章以降、述べていく。

息長氏ばかり注目すべきではない？

息長氏と継体天皇の関係について、その後も議論はつづいた。

熊谷公男は、息長氏と継体天皇を考える上で鍵《かぎ》を握る女性が存在すると指摘した

(『日本の歴史　03　大王から天皇へ』講談社)。それが允恭《いんぎょう》天皇の皇后の忍坂大中姫《おしさかのおおなかつひめ》で、『上宮記』は男大迹王の曾祖父《そうそふ》・意富々等《おおほど》(息長氏の祖)の妹と記録する。忍坂大中姫が生んだのは雄略天皇で、彼女は忍坂宮《おしさかのみや》(押坂宮《おしさか》。奈良県桜井市)に住んだが、この宮は以後息長系の后妃や王族に利用されるようになっていく。そして、宮の経営のために刑部《おさかべ》(押坂部。名代・子代と呼ばれる人びと)が置かれ、この刑部は、押坂宮とともに、息長系皇族に相伝されていた。この経済力を駆使して、息長系の敏達《びだつ》、彦人大兄《ひこひとのおおえ》、舒明、皇極、中大兄へと、王統は継承されたと指摘したのだ。つまり、継体天皇の元をたどっていくと、息長氏の忍坂大中姫まで行き着くわけである。

ただし熊谷公男は、息長氏をあまり高く評価してもいけないという。たとえば、息長氏は黒子のような存在で、一度も外戚《がいせき》氏族として権力を振るっていない。例の「刑部」も、息長氏の私物ではなく、息長系皇族の経済基盤になっていた。継体の出身母体の息長氏なのに、彼ら自身は大王家に取って代わっていない。考古学的にも、息長氏は五〜六世紀に琵琶湖の東岸の有力者になったが、ヤマトを圧倒するほどの勢力ではない。

こう述べた上で、継体天皇について、既存の大王家・仁賢の娘の手白香皇女を娶ったのは実質的な入り婿だったと言い、次のようにまとめている。

継体以降の王家は、母系を通じて〝応神王朝〟の血統を引き継ぐことになったのである。継体は、単独で既存の王権に取り込まれたと考えるしかないであろう（前掲書）。

ならばなぜ、息長氏や和珥氏ら、近江の豪族が継体天皇の系譜に大きくかかわってきたのだろう。

系譜に手を加えられていた可能性がある。王家に娘を嫁がせた家の中でも、継体天皇が出現するまで、息長氏と和珥氏は特別な存在だった。両家の多くの女性が、后妃に名を連ねている。ただ、なぜ彼らの子が即位しなかったのか、謎だったのだ。

そこで川口勝康は、継体以前の天皇家の王統と和珥系の女性の関係に注目している。仁徳天皇と葛城磐之媛命《かつらぎのいわのひめのみこと》から生まれた三人の天皇の内、履中《りちゅう》天皇と允恭天皇が、奇妙な形で仲違《なかたが》いしていくが、和珥系の女性を通じて、政略結婚によって再結合していったからだ。履中の孫の仁賢天皇と雄略天皇の娘の春日大娘《かすがのおおいらつめ》皇女の間に、武烈天皇と手白香皇女らが生まれ、さらには、手白香皇女と継体天皇がつながることで、この時代の王統が和珥氏の女性を通じて「統合」していく。

川口勝康は、これは王統譜の一系主義的統合の意図であり、作為だと指摘している。また、「継体系は、過去の大王家との婚姻によってのみ王位継承の正統性を主張できたにすぎない」と言っている（『巨大古墳と倭の五王』青木書店）。一方息長氏の場合、『日本書紀』や『古事記』の継体天皇の父祖の系譜で、集中的に登場している。ところが、これは『上宮記』のホムツワケ王から継体に続く系譜にはない。どういうことかというと、大橋信弥は『日本書紀』の息長氏父祖系譜の形成過程で、息長氏が加上《かじょう》したのではないかという。しかも、天武天皇の時代ごろと言っている（『継体天皇と即位の謎』）。

つまり、七世紀後半の王家に、息長氏や和珥氏の女系の血が濃く入っていて、そのために五世紀、六世紀にさかのぼり、系譜が飾られた可能性が高いというのである。そして大橋信弥は、継体即位の物語は、「雄略死後の王統の断絶から欽明即位に至る事情を、王統の一系主義的な統合という立場から構想されたもので、欽明の父と母の出自の正当性を釈明する機能をもつもの」と推理した。

継体天皇をめぐる、戦前からの研究の集大成とも言える論考だが、これで継体天皇の謎がすべて解けるわけではない。たとえば近江の息長氏は、系譜の加上があったとしても、すべてがウソだったわけではないだろうし、継体天皇の支持母体のひとつだったことは間違いないが、地域的に言えば、東海と越も、継体を推していたわけで、東とヤマトのねじれた関係も含めて、まだまだ解けぬ謎が横たわる。継体天皇を知るには、もっと広い視野が求められるのではないか。息長氏をめぐる問題は、継体天皇の正体を知るためのひとつのパーツであり、たとえば考古学の知識も求められるはずだ。

継体薨年《こうねん》にまつわる『日本書紀』のふたつの説

継体天皇をめぐる謎はもうひとつある。それが二朝併立論である。継体天皇崩御にまつわる謎めく『日本書紀』の記事が発端となった。

継体二十五年（五三一）春二月に、天皇の病は重くなられ、七日に磐余玉穂宮で亡くなられた。時に八十二歳。冬十二月五日、藍野陵《あいののみささぎ》（今城塚古墳と思われる）に葬《ほうむ》った……。

これに続いて、「或本《あるふみ》に云《い》はく」と、別伝を挿入する。

ある本に、継体天皇が亡くなられたのは「二十八年（甲寅《こういん》、西暦五三四）」のこととしてある。それにもかかわらず『日本書紀』が「二十五年（辛亥《しんがい》、西暦五三一）」説をとったのは、『百済本記《くだらほんき》』の記事を根拠にしたからだ。その『百済本記』の記事の中には「聞くところによると、日本の天皇と太子、それに皇子は、同時に亡くなられた」のだという。この記事を信じれば、継体天皇は二十五年（辛亥の年）に亡くなられたことになる。のちの時代の人が、これを明らかにすることだろう。

不可解な記事だ。もし、『百済本記』（現存せず）の言うとおりなら、継体天皇の崩御とともにクーデターが勃発していて、継体の尾張系の二人の皇子も、同時に亡くなっていたことになる。しかも『日本書紀』は、これほど大事な事件の詳細を知らず、百済の歴史書の記録に頼らざるを得なかったことになる。ここに大きな謎が隠されている。

更に、継体天皇につづいて即位した安閑天皇にも、謎がつきまとう。

安閑天皇即位前紀に、次の記事がある。

継体二十五年（辛亥）の春二月、男大迹天皇（継体天皇）は勾大兄皇子を立てて天皇とした（安閑天皇）。そしてこの日に、男大迹天皇が亡くなられた。

ところが、このあとの『日本書紀』の安閑天皇元年の最後に、「この年は、甲寅（五三四）にあたる」とわざわざ注意書きを添えている。ここに、三年の空白がうまれ、しかもその間の歴史が、きれいに消えている。この奇妙奇天烈《きてれつ》な記事を、どう考えればよいのだろう。この不可解な記事から辛亥の年にクーデター（辛亥の変）が起きていたのではないかと疑われるようになった。

二朝併立論争勃発

『日本書紀』の記事と他の文書を比べてみても、継体天皇とそのあとの時代の紀年には、差や謎や矛盾がちりばめられている。

たとえば、仏教公伝《こうでん》を『日本書紀』は、壬申《じんしん》の年、欽明十三年（五五二）と記すが、厩戸皇子《うまやどのみこ》の伝承ばかりを集めた『上宮聖徳法王帝説』に、仏教伝来は「欽明天皇の御《み》代《よ》」の「戊午《ぼご》」であったという。『日本書紀』の記事に当てはめれば、欽明の時代には「戊午」はなく、直近の「戊午」は宣化天皇の時代（宣化三年）で、これを西暦に直すと、五三八年のこととなってしまう。

蘇我系の寺院・元興寺《がんごうじ》（法興寺《ほうこうじ》）の『元興寺伽藍縁起《がらんえんぎ》幷《ならびに》流《る》記《き》資財帳《しざいちょう》』にも、仏教公伝は欽明七年の「戊午」とあり、『上宮聖徳法王帝説』と同じ年を言っている。

仏教公伝の年を、なぜこれら二つの文書は「戊午」と指摘したのだろう。「『日本書紀』はまちがっている」と、主張したかったのだろうか。また、「戊午」を『日本書紀』による宣化三年ではなく、『元興寺伽藍縁起幷流記資財帳』のいう欽明七年にあてはめてみると、『元興寺伽藍縁起幷流記資財帳』のいうところの「欽明元年」が、西暦五三二年になり、継体天皇の崩御の翌年になる。

継体天皇が亡くなった年が欽明元年ならば、尾張系の皇子、安閑・宣化の即位がなかったことになり、あるいはここに、二朝併立という異常事態が起きていたかもしれないのである。

ひょっとすると、『日本書紀』よりもあとに書かれた『上宮聖徳法王帝説』と『元興寺伽藍縁起幷流記資財帳』は、「仏教公伝」の年紀をカラクリのひとつにして、『日本書紀』の隠してしまった歴史を、世に知らしめようとしたのではないかと勘ぐってしまう。

継体が亡くなって、安閑・宣化と欽明は対立し並存していたのではないかという、いわゆる「二朝併立論（両朝並立）」は、すでに戦前からあった。まず平子《ひらこ》鐸嶺《たくれい》や喜田貞吉らが唱え、戦後になると、この両朝併立説をうけた林屋辰三郎は、大規模な内乱説をうちたてた（『古代国家の解体』東京大学出版会）。天皇と太子と皇子がともに亡くなったという事件がもし起きていたとしたら、根深い原因を抱えていたはずだと考え、継体天皇が越《こし》出身で、ヤマト勢力と相容《あいい》れなかっただろうこと、皇位争奪に至る理由はあったと指摘した。

また、辛亥の変のあと即位したのは欽明天皇で、これを蘇我氏が支えていたと考えた。一方大伴氏は、継体の崩御の三年後に安閑を、そのあと宣化を立てたと推理した。さらに物部氏は、慎重な態度をとっていたが、最後は蘇我氏と手を組んで大伴氏を追い落とし、統一政権がようやく完成したという。

林屋辰三郎は継体天皇崩御とともに勃発した辛亥の変は、皇室内にのみ原因があったのではなく、朝鮮半島遠征や屯倉《みやけ》（天皇家の直轄《ちょっかつ》領）の大量設置によって豪族層に不満が蓄積するなど「きわめて根深いものがあった」とする。

さらに、継体天皇崩御に先立って即位したのは欽明天皇であり、「継体朝の治政に対する批判の上に惹起《じゃっき》された」にしても、ヤマト政権そのものを否定するのではなく、大伴氏に代わって、蘇我氏が欽明天皇を担ぎ上げたと言っている。

それだけではない。『日本書紀』宣化元年（五三六）条に見える人事の記事に、興味深い事実が隠されているという。ここで大伴金村大連と物部麁鹿火大連《もののべのあらかひのおおむらじ》のふたりを大連に任命したあと、「また、蘇我稲目宿禰《そがのいなめのすくね》を大臣となし、阿倍火麻呂臣を大夫《まえつきみ》となす」と、「附記」している。とすると、これが宣化朝の事績だったかどうか、じつに怪しく、欽明朝と宣化朝が併立していたからではないかと推理したのだった（前掲書）。

継体天皇をめぐる謎は、このような、「継体天皇は新王朝だったのか」「継体天皇崩御と二朝併立はあったのか」のふたつが絡《から》み合っているのである。

『日本書紀』の不可解な態度

継体天皇は新王朝なのか。王朝交替はあったのか、また、二朝併立問題をどう考えればよいのか、議論は続いてきたが、ひとつの解決案が出されている。

三品彰英は継体崩御の年の混乱を考える上で、異説が生まれる原因を作った元の史料がどういうものかを検証する必要があると指摘した。その上で、今確認可能な史料は『三国史記《さんごくしき》』と『三国遺事《さんごくいじ》』で、ふたつの史料の「百済《くだら》王暦」に、食い違いがあることを問題視した。その結果、『日本書紀』の「或本」の年紀が継体紀の辛亥説よりも史書的信頼度が高いこと、継体天皇崩御の直後に二朝併立や内乱状態があったわけではないと結論づけた（『日本書紀研究　第二冊』塙書房）。

笠井倭人《わじん》は、継体紀には同じ事件をくり返し語ることが多いとして、その理由を捜し求めている。継体天皇崩御のあとの紀年の混乱や『百済本記』の異伝を採用した不可解な『日本書紀』の態度について、古代朝鮮三国の仏教史『三国遺事』の研究によって、『三国史記』とは別系統の百済王暦が伝わっていたことが分かるという。そして『日本書紀』編者は、年代がずれていた百済王暦を無闇《むやみ》に重視してしまったために記事が混乱してしまったと指摘した（『古代の日朝関係と日本書紀』吉川弘文館）。この研究によって、少なくとも継体崩御後の不可解な記事の混乱の謎は解けたと考えられている。

しかし、継体天皇の謎は、二朝併立論が解決したから終わったわけではない。継体天皇の謎は邪馬台国と同じように、闇が深い。最大の原因は、『日本書紀』が真相を抹殺してしまったからだろう。

やはり、引っかかるのは、「先帝・武烈天皇」の扱いだ。武烈天皇を巡る記事は、明らかに「このあと王朝交替が起きる」ことを暗示している。それはすでに触れたように、中国の正史の常套《じょうとう》手段である。前王朝が腐敗し、人びとが困窮したさまを大袈《おおげ》裟《さ》に記録し、世直しの正当性を主張している。とすれば、『日本書紀』は「ここで王朝交替が起きますよ」と予言しているようなものだ。その一方で、じつは継体天皇は応神天皇の五世の孫だったと、お茶を濁してしまった。

継体天皇は、王朝交替をしたかもしれない王であり、王家の血統を守ったかもしれない王なのである。どちらが、本当の姿なのだろう。なぜ『日本書紀』は、話をはぐらかしたのか。

『日本書紀』は、藤原不比等《ふじわらのふひと》が権力を握った時代に編纂《へんさん》された（藤原不比等が死んだ年に完成した）、藤原氏にとって都合の良い歴史書だ。その藤原氏は奈良時代から平安時代に、ほぼ権力を独占したから、『日本書紀』の主張は朝廷の正式な見解になったし、藤原不比等の父・中臣鎌足《なかとみのかまたり》が殺した蘇我入鹿《そがのいるか》は、古代史最大の悪人のレッテルを貼られたまま、今日に至った。ということは、継体天皇に関しても、藤原不比等の「もみ消さなければならない真相」が隠されていたかもしれず、この「正史に対する疑念」を抱えた上で、継体天皇の謎に取り組む必要があるだろう。

ヤマト建国の歴史に継体天皇の正体は隠されている

さらに、注意を要するのは、『日本書紀』の記したヤマト建国の歴史が、真相とはかけはなれてみえることだ。今から二千数百年前（弥生時代中期）に、南部九州から神日本磐余彦尊《かむやまといわれびこのみこと》（以下神武天皇）がヤマトにやってきたという話からして、信じがたいと考えられている。考古学的には、当時の奈良盆地に、国の中心となる勢力は存在していない。また、南部九州に巨大な勢力が存在したわけでもない。「神武の時代」を弥生時代の後期に移しても、同じことだ。繁栄していた北部九州ではなく、なぜ南部九州からやってきたのか、その理由が分からない。

一般には、「八世紀の段階で、もはや建国の詳細はわかっていなかった」と、あきらめてしまっているが、それは本当だろうか。知っていたからこそ、抹殺して改竄《かいざん》してしまった可能性はないだろうか。

結局、ヤマト建国の歴史が定まっていないから、応神天皇や継体天皇の謎も、解明できないのではないか。

のちに触れるが、応神天皇の正体も、じつに怪しい。応神天皇の実像がわからないのだから、応神天皇五世の孫の姿も、見えてこない。なぜ『日本書紀』は、「あえて」応神天皇の五世の孫という設定を用意したのか、その理由も、わかっていない。つまり、応神天皇の時代の歴史を明かすところから話を始めなければならないだろう。

『日本書紀』は、応神天皇の母・神功皇后の記事に「魏志倭人伝《ぎしわじんでん》」を引用している。つまり『日本書紀』は、神功皇后が邪馬台国の女王、卑弥呼《ひみこ》か台与《とよ》だったと言っていることになる。

いわゆる邪馬台国は、二世紀後半から三世紀の話であり、考古学は、三世紀後半から四世紀にかけてヤマトは建国されたと指摘している。とすれば、応神天皇はヤマトの初代王だった可能性も出てくるわけだ。

もちろん、通説はこのような発想を無視するが、考古学が明らかにしたヤマト建国の経過を、神功皇后は、『日本書紀』の記事の中でなぞっている。このような人物は、他にはいない。ただなぞっているだけではない。ほぼ寸分違わず、再現しているのだ。

応神天皇の母・神功皇后は「息長帯比売命《おきながたらしひめのみこと》（気長足姫尊）」であり、息長とつながった継体天皇と無縁ではない。やはり、ヤマト建国に、継体天皇の秘密は隠されていると思う。

そして、「なぜ継体天皇は東の後押しを受けてヤマトへ乗り込んだのか」に関して、これまでほとんど注目されてこなかったのも、大きな謎なのだ。
これら、いくつもの不思議を、ひとつずつ解き明かしていこう。

第二章　応神《おうじん》天皇

応神天皇そのものが怪しい

『日本書紀』は継体天皇の出現の直前に、王朝交替が起きてもおかしくない暴君（武烈天皇）の出現を記録した。しかし、だからといって継体天皇が新王朝だとは言わなかった。その代わり、「応神天皇の五世の孫」と、中途半端《はんぱ》な言い訳をしている。一般に、この系譜には、大きな疑問符が投げかけられていて、越《こし》と近江《おうみ》の有力豪族がヤマト入りし、先王朝の元に婿《むこ》入りしたのが本当のところではないかと、考えられるようになった（もちろんその他の考えもあるが、議論の現段階は、ここに来ている）。

しかし、「第十五代応神天皇」の存在そのものが、ひっかかる。父は仲哀《ちゅうあい》天皇で、母は神功《じんぐう》皇后だ。仲哀天皇はヤマトタケルの子で、神功皇后（息長帯比売命《おきながたらしひめのみこと》）は息長《おきながの》宿禰王《すくねのおおきみ》と葛城高顙媛《かずらきのたかぬかひめ》の間に生まれたから「息長」のイメージがあり、近江と関わりが深いのだろう。また、母の葛城高顙媛の名から、ヤマトの葛城との関係をイメージできるが、彼女の父が多遅摩比多訶《たじまひたか》で、日本海側の但馬国《たじまのくに》とつながっていたところも、無視できない。

また、応神天皇が生まれたいきさつも、奇妙だ。『日本書紀』の記事を追ってみる。

仲哀天皇と神功皇后は、九州の熊襲《くまそ》が叛《そむ》いたために親征を敢行したという。神功皇后は角鹿《つぬが》（福井県敦賀《つるが》市）から日本海経由で、仲哀天皇は瀬戸内海経由で穴門豊浦宮《あなとのとゆらのみや》（山口県下関市）に向かい、ここにしばらく滞在したあと西に進んだ。北部九州の沿岸部の首長たちはこぞって恭順し、儺県《なのあがた》（旧奴国《なこく》。福岡県福岡市と周辺）の橿日宮《かしひのみや》（香椎《かしい》宮《ぐう》）に拠点を造ったのだ。

問題は、ここで仲哀天皇が急死してしまうことだ。神のいいつけを守らず、熊襲を討ったため神は怒ったのだ。

『古事記』によれば、この晩、仲哀天皇と一緒にいたのは神功皇后と建内宿禰《たけのうちのすくね》（蘇我《そが》氏の祖。武内宿禰《たけのうちのすくね》）のふたりだったが、『住吉大社神代記』（大阪市住吉区の住吉大社の伝承）は、仲哀天皇が亡《な》くなった晩、住吉大神《すみよしのおおかみ》と神功皇后は、「夫婦《めおと》の秘め事」をしたと言うのである。そして、十月十日後に生まれたのが応神天皇だった。

もちろん、神社伝承など、歴史として考えるわけにはいかないと、史学者はほぼ無視するが、大阪の住吉大社が、「建物」を使って、『日本書紀』をせせら笑い、住吉大社に残された伝承の信憑性《しんぴょうせい》を高めようとしていると思う。

『延喜《えんぎ》式《しき》』神名帳《じんみょうちょう》の摂津国《せっつのくに》住吉郡《こおり》に、「住吉坐《にます》神社四座《よざ》」とあり、住吉大社の国宝社殿は四棟ある。そのうち三棟の祭神が住吉大神（表筒男命《うわつつのおのみこと》・中筒男命《なかつつのおのみこと》・底筒男命《そこつつのおのみこと》）

で、もう一棟の祭神が「姫神《ひめがみ》」で、その名は「気長帯長足姫皇后宮《こうごうぐう》」で、つまり神功皇后なのだ。

住吉大社は神功皇后の夫の仲哀天皇を排除して、不敬な態度をとっているのだ。長い間朝廷がこれを放置していたところに、大きな秘密が隠されていると思うし、住吉大社の示した「気骨」と「意地」も、軽視できないと思う。応神天皇の父親は住吉大神だったことを、神社の建造物と伝承で、世に訴え続けてきたのであり、これを政権側は否定し破壊することができなかったわけである。

『日本書紀』がなぜ応神の正体を隠したのか

住吉大社が述べているのは、神功皇后の産んだ子は天皇家の祖であり、神功皇后の夫は住吉大神だった、ということだ。つまり、天皇家の祖をたどっていくと、住吉大神に行き着くというのである。

誰もが眉《まゆ》に唾《つば》する話だが、笑殺するのももったいない。何しろ、これだけ命がけの主張を、千数百年訴え続けた。それを朝廷は無視してきた（弾圧できなかった）わけである。数ある神社伝承の中でも、最低限住吉大社の主張には、「何か裏があるのではないか」と疑ってみる価値があるし、真摯《しんし》に向きあうべきだと思う。何しろ、明治天皇が東京に移られる前に、この住吉大社に参拝されている。天皇家は、何か秘密を知っているのではあるまいか。しかも、継体天皇の祖の応神天皇の父親の話だから、無視する手はないだろう。

なぜ住吉大社は「しゃかりき」になって、「古代史の常識（『日本書紀』の築いた歴史観）」に挑戦してきたのだろう。継体天皇の謎《なぞ》とは無関係と思われるかもしれないが、「住吉大社と神功皇后の子が応神天皇」と住吉大社は言い伝え、その応神天皇の五世の孫が継体天皇だと、『日本書紀』は語っているのだから、素通りはできない。謎めく継体天皇の正体は、応神天皇とのつながりの中で解き明かすべきではないか。

『日本書紀』は応神天皇を第十五代と言っている。ヤマト建国は三世紀後半から四世紀にかけてのことだから、第十五代と言えば、四世紀後半から末、ということになりそうだ。実際神功皇后摂政《せっしょう》紀六十五年条に百済《くだら》の枕流王《とむるおう》が薨去《こうきょ》したとある。『三国史記』の記事から、この王の薨年は西暦三八五年で、応神天皇の即位はこの五年後だから、応神天皇は四世紀末から五世紀前半の人と考えられている。

その一方で、すでに触れたように、『日本書紀』は神功皇后の時代に「魏志倭人伝《ぎしわじんでん》」の記事を載せ、神功皇后が邪馬台国《やまたいこく》の卑弥呼《ひみこ》か台与《とよ》だったとほのめかしていた。そこで通説は、四世紀後半に実在したとしても、「干支《かんし》二《に》運《うん》」移動させて、古い時代に見せかけ、「魏志倭人伝」との整合性をとろうとしたのだろうと高をくくる。

しかし、ここにも『日本書紀』の狡猾《こうかつ》な歴史改竄《かいざん》の痕跡《こんせき》が見え隠れする。

応神天皇は北部九州で生まれたあと東に向かい、ヤマトの政敵に追い返されてしまったと『日本書紀』は言う。そして紀伊半島に逃れるのだが、この行動は、「九州から東に向かってヤマトの政敵に負けて紀伊半島に向かった初代神武天皇」と、そっくりではないか。

すでに触れたように、仲哀天皇が亡くなった晩、現実にそばにいたのは神功皇后と武内宿禰だけで（『古事記』）、「住吉大神」と神功皇后が「夫婦の秘め事」をして子が生まれたのなら、応神の父親は武内宿禰だったことになる。

『日本書紀』編者は藤原氏の宿敵の蘇我氏が、ヤマトの王家の祖だったことを、あらゆる手段を駆使して抹殺しようとして、そのカラクリの中に「ヤマト建国の時代の歴史をいくつかに分解してわからなくしてしまった」ことが、含まれていたのではないか。通説は初代神武天皇と第十代崇神《すじん》天皇は同一で、ヤマトの初代王の話をふたつに分解してしまったと言うが、実際には三つの時代にわけられてしまった可能性が高い。

住吉大神の別名は塩土老翁《しおつつのおじ》で、神話時代と歴史時代に登場し、天皇家の祖（神）を守り、導くという属性を秘めていたが、武内宿禰も長寿の人（老人）で、応神天皇を守り、ヤマトに誘った。

応神天皇や神武天皇とつながる住吉大神

住吉大神は神功皇后や応神天皇と強く結ばれているが、意外な場所で、神武天皇ともつながっている。少し長くなるが、説明しておく。

神武天皇は一度ヤマト入りに失敗し、紀伊半島に迂回《うかい》したが、数々の試練を乗りこえて、ヤマトに迫った。ところが、要衝を敵が陣を敷いて待ち構えていたのだ。とても勝てないと思ったが、神のお告げがあって、天香具《あまのかぐ》山《やま》（奈良県橿原《かしはら》市）の埴土《はに》を採って、土器を造り、神に神饌《みけ》を捧《ささ》げ、ともに食べれば、勝つことができると知り、実行した。こうして神武はヤマトの王になるのだが、天香具山はヤマト最大の聖地だったようで、その後も謀《む》反《ほん》が起きると、天香具山の埴土の奪いあいが起きている。天香具山はヤマトの物実《ものざね》（そのもの。象徴）と、信じられていたのである。

『日本書紀』神話にも、天上界の天香山《あまのかぐやま》（天香具山）が描かれている。アマテラスが天石窟《あまのいわや》に隠れたとき、多くの神々が知恵を出し合ってアマテラスを引き出すが、この時アマノウズメ（天鈿女命《あまのうずめのみこと》）が「天香山」の真《ま》坂樹《さかき》（境界の木。聖域を示す）をもって鬘《かずら》にして、舞い、踊っている。

　問題は、住吉大社から天香具山に毎年使者が遣わされ、神武東征時の例の祭祀《さいし》を執り行っていたことだ。『住吉大社神代記』に、神功皇后の時代に住吉大神が「皇統の危機に際して、天香具山の埴土を用いて、住吉大社の祭祀に用いなさい」と告げたとある。それが、今の行事につながっている。ただしあるときから、祭祀の舞台は天香具山から畝傍《うねび》山《やま》（橿原市）に遷《うつ》された。

　畝傍山麓《さんろく》の畝火山口坐《うねびやまぐちにます》神社に住吉大社から毎年二月と十一月、使者（埴使《はにつかい》）が遣わされ、畝火山口坐神社の旧鎮座地（山頂付近）の埴土を採取する。なぜか山頂付近の同じ場所に、コロコロとした丸い土が「増殖」するのだという。これが、天香具山の埴土の代わりとなって、祭祀が執り行われる。

　ちなみに、畝傍山の埴土を科学分析した結果、コフキコガネの糞《ふん》だったという（『橿原市史』橿原市史編集委員会編　奈良県橿原市役所）。ただし真弓常忠は独自の分析をしていて、動物性ではないと反論している（『天香山と畝火山』学生社）。どちらが正しいのか、判断がつかない。

　また、畝火山口坐神社の祭神は気長足《おきながたらし》姫命《ひめのみこと》（神功皇后）、豊受比《とようけひ》売命《めのみこと》（伊勢外《げ》宮《くう》の豊受大神《とようけのおおかみ》）、表筒男命（住吉大神）だ。

天香具山で行われていた神事が畝傍山で行われるようになったのは、藤原氏が独裁権力を握ったあと、中臣《なかとみ》（藤原氏と同族）氏が天香具山を奪ってしまったからだ。

問題は、なぜ住吉大社が神武天皇の故事にこだわったのか、である。もちろん、神武天皇と応神天皇が、同一人物だったと考えると、謎は消える。

ちなみに、畝火山口坐神社の宮司の大谷氏は武内宿禰の末裔《まつえい》だ。

鹿島《かしま》神宮と香取神宮の祭祀権を争った中臣氏

ところで、なぜ中臣氏は、天香具山の「祭祀権」を奪ってしまったのだろう。ここには、複雑な背景が隠されている。話はここで、鹿島神宮（茨城県鹿嶋《かしま》市）に飛ぶ。

中臣氏は古くから祖神の天児屋命《あめのこやねのみこと》を祀っていたが、鹿島神宮の武甕槌神《たけみかづちのかみ》を春日大社や枚方《ひらかた》神社に勧請《かんじょう》して、主祭神として祀りはじめた。一般には、中臣鎌足が鹿島神宮の神官の出だったのではないかと疑われているが、これは大きな誤解だ。中臣鎌足が百済王子・豊璋《ほうしょう》だったことは、拙著『藤原氏の正体』（新潮文庫）の中で詳述している。藤原氏が実権を握った段階で、由緒《ゆいしょ》ある鹿島の神を奪いにいったのが本当のところだ。鹿島神宮の周辺の古い神社では、「中臣以前の鹿島神宮が本物」と、考えている。

　ここで話は奈良の天香具山に飛ぶ。天香山坐櫛真命《あまのかぐやまにますくしまのみこと》神社（天香山神社）の祭神のことだ。それは櫛真《くしま》智命《ちのみこと》で、元の名は大麻《おおま》等《と》乃《の》知神《ちのかみ》と言う。関東に進出した多臣《おおのおみ》が祀っていた神だが、多臣は、神武天皇の第二子の末裔で、那《な》賀国造《かのくにのみやつこ》（茨城県南部）に任ぜられ、鹿島神宮の地域を支配していた。だから、鹿島神宮とも深くかかわっていた。「櫛真《クシマ》」も「鹿島《カシマ》」と関係があるようだ。

　ちなみに、神武東征で、紀伊半島を迂回した神武の一行は、神の毒気に当たり行き倒れになりかけたが、熊野の高倉下《たかくらじ》に救われている。高倉下のまたの名は「天香山命」（『天孫本紀《てんそんほんぎ》』）で、天香山命は尾張氏の祖神でもある。神武天皇がヤマト入りに際し「天香山と天香具山」に救われた意味は、とても大きいと思う。

　くどいようだが鹿島神宮の祭神は、武甕槌神だが、この神も天香具山と接点がある。神話の中でイザナミは火の神カグツチ（迦具土、軻遇突智《かぐつち》）を生んで焼け死んだが、この時イザナキは十握剣《とつかのつるぎ》でカグツチの頸《くび》を切った。その血から生まれたのが武甕槌神だった。

　鹿島神宮の社伝に、武甕槌神は天香具山付近で生まれたとあり、タケミカヅチとカグッチが、ここでつながってくる。武甕槌神は香具土（香具山）の子（神）だったのだ。

天香具山と鹿島神宮は、どちらも神武天皇の末裔の多臣が祀っていたのに、中臣（藤原）氏に乗っ取られてしまった。

中臣氏が鹿島の神を略奪した目的は、ヤマトの天香具山の祭祀権を奪うことだろう。そして天香山神社に、春日神（武甕槌神）を配祀した。おそらくこの段階で、住吉大社は天香具山から手を引いたのだろう。

ヤマトの王になるための必要不可欠な霊山が天香具山であり、現代人には理解できないことだが、この山の埴土を手に入れた者が、ヤマトを統治できると、古代人は信じていたわけである。

もうひとつ、住吉大社の話をしておく。

住吉大社のもっとも大きい摂社は大海《だいかい》神社だ。国宝の本宮の四棟から北側に少し離れたところに鎮座するが、本宮の社殿と形はそっくりで、小振りにした建物だ。住吉大神と神功皇后に次ぐ、大切な摂社だと、一目でわかる。

大海神社の祭神は豊玉彦命《とよたまひこのみこと》（綿津見神《わたつみのかみ》）と豊玉姫《とよたまひめ》命の二柱で、天孫降臨神話のあとに続く海幸山幸《うみさちやまさち》神話の山幸彦《やまさちひこ》（彦火火出見尊《ひこほほでみのみこと》）が海神の宮で結ばれた女神が、豊玉姫だ。また、その山幸彦を海神の宮に誘ったのが塩土老翁で、これは住吉大神だ。この縁があって大海神社は祀られるのだが、もともと豊玉彦命と豊玉姫命を祀っていたのは阿曇《あずみ》氏で、日本を代表する海の民だ。阿曇氏は旧奴国（福岡県福岡市と周辺）や対馬《つしま》などに拠点を持っていたが、ここで問題にしたいのは、神武天皇の祖母が豊玉姫で、母が豊玉姫の妹の玉依姫《たまよりひめ》だったことにある。つまり、ヤマトの王家の母系の祖は阿曇氏の祀る海神の娘であり、神武天皇の祖母の豊玉姫を、住吉大社が丁重に祀っていたことなのだ。ここに、もうひとつ、住吉大社と神武天皇の接点がみつかった。

なぜ、住吉大社と応神天皇に注目したかと言えば、住吉大神が応神天皇の父だった可能性が高いこと、住吉大社と神武天皇の間にも強い接点がみつかり、それはなぜかといえば、神武天皇と応神天皇は、同一人物だったからではあるまいか。

考古学の示すヤマト建国にぴったりと重なるのは神功皇后

継体天皇の正体を知るために遠回りをしているのは、『日本書紀』がヤマト建国の歴史を抹殺する動機が、応神と神武のつながりの中に隠されていたからではないかと思うからだ。

つまり、住吉大神の別名が塩土老翁で、行動と様子が、武内宿禰にそっくりなこと、『古事記』は建内宿禰（武内宿禰）の末裔が蘇我氏だと明記しているが、『日本書紀』は武内宿禰と蘇我氏の系譜をつなげていない。蘇我氏の祖そのものが、記録から抜け落ちている。

一般に蘇我氏は渡来系（しかも百済系）と信じられているが、もしこれが真実なら、蘇我氏を嫌っていた藤原氏は、『日本書紀』の中で「蘇我氏はエイリアン」と、罵声《ばせい》を浴びせていただろう。しかし、祖に関して口をつぐんだのだから、「蘇我氏は本当は名門一族」だったことを知っていたのだろう。どのように名門だったかというと、「王家の一員」であり、大元の祖にあたる武内宿禰と神功皇后の間に産まれた子（あるいは末裔）が九州からヤマトに移って王に立ったからではなかったか。だから、『日本書紀』はヤマト建国の歴史を「わからない」と、白を切り、大切な部分を神話の世界に封印してしまったのではなかったか。

これに対し住吉大社は『日本書紀』によって隠されてしまったヤマト建国の裏話を、暴露してしまおうと、伝承に残し、社殿の形にして、目に見える形で真実を後世に伝えようとしたのだろう。

とは言っても、このような仮説は、文献史学者から笑殺されるだけなのだ。初代神武天皇と第十五代応神天皇が同一人物であるはずがない、と一蹴《いっしゅう》するだろう（彼らは、「初代と第十代は一緒」と、うなずき合っているが）。

ところが、考古学が大きく進展し、これまでの常識は、ことごとく覆《くつがえ》され、「ヤマト建国の動きを忠実に再現していたのは神功皇后と応神天皇」だった可能性が出て来たと思う。逆に言うと、ヤマト建国の考古学とこれほど合致する行動をとった人物群は、他に誰もいないのである。

だからここで、ヤマト建国の考古学をおさらいし、神功皇后の行動と重ねてみたいのである。

話は弥生時代の日本列島に遡《さかのぼ》る。

紀元前十世紀後半ごろ、北部九州沿岸部に稲作が伝わり、日本列島は弥生時代に突入した。ただ、かつて信じられていたように「あっという間に列島人全体が農業を選択した」わけではないし、渡来人が日本列島を席巻したわけでもなかった。

北部九州の縄文人が稲作文化を受け入れてから、数百年の年数をかけて、稲作は関東まで伝わった。その間、各地で、新しい文化を受け入れつつも、縄文的な技術や文化の揺り戻しが起きていたのだ。

縄文時代後期の寒冷化によって、東に偏《かたよ》って暮らしていた縄文人たちは、西側に移動を開始していて、これが稲作文化の普及の遅れにつながり、日本列島全体からなかなか縄文的な文化と風習が消えなかったひとつの原因になったようなのだ。

　また、余談だが、日本語の原型は縄文時代にすでに誕生していた可能性が高く、しかも日本語を子供のころから話していると、左右の脳の情報処理が逆転するという（角田忠信『日本語人の脳』言叢社）。たとえば非日本人は「言語・論理」は左半球で、「情動、自然界の音、機械音」は右半球で処理する。ところが日本人（日本語脳）は、左半球で「言語、論理、感情音、自然界の音、邦楽器の音」が優位だという。右半球優位なのは「西洋楽器音と機械音」に限られる。虫の音色を愛《め》でるのは、日本語脳の賜物《たまもの》らしい。

　この結果、日本人の伝統的な心情の特徴は、①情緒性、②自然性、③非論理性にあると言う（前掲書）。

　日本人がいち早く近代化を成し遂げつつも、多神教的発想を守りつづけてこられたのは、このような日本語の特殊性にあった可能性が高く、弥生時代に縄文的な文化が消え去らなかった理由も、「日本語脳」という仮説で説明可能となる。また、段階的に朝鮮半島や中国から多くのボートピープルが流入したが、その二世や三世たちは、日本語で育ち、感性はすぐに日本化（縄文化）していったのだろう。

文明を嫌った人びとがヤマトに集まった

日本語脳にこだわったのは、弥生時代後期から古墳時代への移行期に、日本列島で不思議なことが起きていたからだ。それは、「進歩を拒み、文明を嫌った人びとが、ヤマトに集まって国を造ってしまった」からである。どういうことか、説明しよう。

弥生時代は金属器が使われる時代でもあった。そして、青銅器は祭器として用いられるようになっていく。また、弥生時代後期になると、出雲や吉備をはさんで東西に文化圏が出現している。北部九州を中心とした銅矛《どうほこ》文化圏と近畿地方から東海地方にかけての銅鐸《どうたく》文化圏である。

銅矛文化圏では、強く富を貯《たくわ》えた首長（王）が祭器（威信財）を独占し、墓に埋めた。これに対し銅鐸文化圏では、強い王を嫌い、富の集中を防いだようで、銅鐸を巨大化させ、集落全員で祀り、首長に独り占めさせない文化を築き上げたのだった。そしてなぜか、銅鐸文化圏の人びとが結束して、ヤマト建国のきっかけを作ってしまったのだ。

三世紀初頭、奈良盆地東南の三輪山麓の扇状地に、近江と東海から人びとが集まり、それに触発されたように、方々から人びとが集まってきた。纏向《まきむく》遺跡（奈良県桜井市）の出現である。

纏向にもたらされた外来系の土器は約三割に上り、その内訳は、以下の通りだ。

東海四九％、山陰・北陸一七％、河内《かわち》一〇％、吉備《きび》七％、関東五％、近江五％、西部瀬戸内三％、播磨《はりま》三％、紀伊一％

東海と近江を足しただけで、過半数となる。じつは纏向で前方後円墳が誕生し（纏向型）、西日本を中心に広まっていくが、ほぼ同時に近江で前方後方墳（前も後ろも四角）が出現していた。そして、これが東海地方（伊勢湾沿岸）に広まり、さらに、東日本に拡散していった。また、東海系の土器が一気に各地にもたらされていたのである。

つまり、「前方後方墳文化圏の人びとがまずヤマトに集まり、そこに西から人びとが押し寄せ、前方後円墳が生まれた」ということになる。

特記しておくが、前方後方墳が生まれた地域は、銅鐸文化圏の中心地であり、住民はそれまで強い王を生みたくなかった人びとだった。彼らは弥生時代（あるいは縄文時代）から継承されてきた流通のネットワークを活《い》かして、格差の少ない平準な社会を形作り、「古い（悪い意味ではなく）」社会秩序を守りつづけていたのだ。西側の権力集約型の社会統合を、真似《まね》しなかったのである。つまり、強い王を嫌った人びとがヤマト建国の中心にいたわけである。

ヤマト建国と日本語脳

考古学者の寺前直人は、近畿地方南部を中心とした列島中央部（銅鐸文化圏と言い換えてもよいと思う）の人びとは、「大陸・半島からもたらされた魅力的な文明的価値体系に抗することに成功した」とさえ言い切るのである（『文明に抗した弥生の人びと』吉川弘文館）。

ちなみに、「文明に抗《あらが》う」という行為は、現代人には信じがたいことかもしれない。しかし、事実縄文人たちは、水田稲作の導入そのものに抵抗していた。稲作や農業によって、文明が発達することを知っていた可能性が高い。

人類は農耕や文明を選択したことによって、戦争という宿命を背負ったと考えられるようになってきた（コリン・タッジ『農業は人類の原罪である　進化論の現在』竹内久美子訳　新潮社）。農耕を始めれば、過剰な収穫を得る。人口が増え、農地と水が不足し、新たな農地と水を求めて、近隣と争いになる。貧富の差が生まれ、戦争に勝つため強い首長が求められ、金属器が生産される。冶金《やきん》のための燃料が求められ、森を失う。草原と砂漠が出現し、気候は乱れ、人びとは飢餓に苦しみ、殺戮《さつりく》がくり広げられる。戦争が戦争を招き、強い武器が発明され、文明は発展する。

　農耕と文明が何をもたらすのか、日本列島人（縄文人）は見聞きして知っていたのだろう。世界最古で最長の文明を生んだ中国が荒廃し、殺し合いを続け、漢民族のY染色体（父から男子に伝わりコピーされていく遺伝子）は単純になり（征服した勝者が敗者の男性を皆殺しにしていく）、強い者が勝ち残ったのだ。農耕と文明は、残酷であり、人間を幸せにするわけではない。それを、縄文人は知っていたからこそ、なかなか稲作を受け入れなかったし、北部九州で縄文人が自主的に始めたあとも、なかなか東に伝わらなかったのである。

　日本語脳の人びとは、文明と殺戮を恐れ、拒み続けたのだろう。

　最先端の考古学は、ヤマト建国の経過を克明に描ききり、三世紀に何が起きていたのか、その意外な真相すら、明らかにしてしまったのだ。ヤマト建国は、世界的に見ても、珍しい現象だと思う。文明と富を拒絶した人びとがヤマトに集まり、あれよあれよという間に、建国の気運が高まったようなのだ。

考古学が明らかにしたヤマト建国の道筋

弥生時代後期の日本列島で、もっとも富み栄えていたのは北部九州だった。朝鮮半島南部に鉄の産地があって、北部九州沿岸部から壱岐《いき》、対馬を経由して、倭人《わじん》は鉄を求めて渡海していた。その様子は、中国側の史料に明記されている。朝鮮半島にもっとも近い地の利を活かして、鉄器を大量に保有していたのである。

これに対し、東の銅鐸文化圏は、鉄器の過疎《かそ》地帯になっていた。すでに述べたように、古い流通ネットワークの中で、安穏と暮らしていたわけだ。

ただし、北部九州には奇妙な焦《あせ》りがあったようで、「なるべく東には鉄を流さない」策を採った（欲しがっていなかったのに）。理由ははっきりしている。縄文時代後期に縄文人が東から西側に移動したと言っても、弥生時代の東日本には、侮《あなど》れない数の人間が暮らしていた。そして、さらなる問題は、地政学的に北部九州が東側からの攻撃に弱かった点だ。筑後《ちくご》川《がわ》上流の大分県日田《ひた》市の盆地を東側に握られてしまうと、反撃はむずかしい。北部の沿岸部と日田の盆地から攻められれば、挟み打ちになって守りきれない。

逆に奈良盆地は、西側からの攻撃に鉄壁だった。だから、もし仮に銅鐸文化圏が勃《ぼっ》興《こう》し、奈良盆地に拠点を構えてしまえば、北部九州は手も足も出なくなる。さらに東側の勢力が鉄器を求めはじめた場合、北部九州を経由して朝鮮半島に向かうのがもっとも安全だから、北部九州に攻め寄せてくる可能性があったし、事実のちにそうなった。北部九州の恐れていた事態が現実になったのだ。

纒向に人びとが集まってきた三世紀に、ヤマトは真っ先に日田をおさえ（盆地の北側の高台・小《お》迫《ざこ》辻《つじ》原《ばる》遺跡）、さらに北部の沿岸部の奴国（福岡市）に流入し、楔《くさび》を打ち込んでいたことがわかっている。絵に描いたような挟み打ちである。

ちなみに、近世に至り、徳川幕府も日田の盆地の重要性を認識していて、ここを天領（幕府の直轄《ちょっかつ》領）にしている。

鉄器を大量に保有し、先進の文物を独占していた北部九州は、繁栄していたからこそ、富を奪いに来る者が出てくると、畏《おそ》れ続けたのだろう。だから、二世紀後半、出《いず》雲《も》に鉄器を流し、手を結び、東を封じこめる策に出ている。出雲は隆盛し、強く富み栄えた王が出現し、四隅突出型墳丘墓を造営した。出雲はさらに東に向かって勢力圏を伸ばしたが、「但馬から丹波《たんば》（丹後）、若狭《わかさ》」の沿岸部の首長たちが、四隅突出型墳丘墓を拒んだ（この、出雲の東進をはね返したひとかたまりの地域は、一種の運命共同体となっていくので、このあとひとくくりにして「タニハ」と呼ぶ）。タニハは、四角い台状墓にこだわったのだ。そこで出雲は、四隅突出型墳丘墓を越（越前《えちぜん》、越中《えっちゅう》）に伝え、タニハを挟み打ちにした。

『日本書紀』はヤマト建国の詳細を知っていた？

ここで一言添えておきたい。『日本書紀』編者はヤマト建国の詳細を知っていた可能性が高いことだ。

『日本書紀』は神話から神武東征へと話を続けているが、『日本書紀』が提示したヤマト建国に至る道のりは、考古学とはほとんど重なることがない。神話の舞台は天上界（高天原）と出雲、日向《ひむか》（南部九州）だけだからだ。そして日向から神武天皇は東に向かったという。

考古学は、出雲だけではなく、北部九州から越にいたる日本海と、瀬戸内海、そして近江と東海（伊勢湾沿岸部）がヤマト建国の重要な役割を担《にな》っていたことをあきらかにしている。これまで史学者は『日本書紀』編者はヤマト建国の詳細を知らなかったと考えてきた。しかし、タニハや東海、近江の活躍を全く記録しなかったことこそ怪しい。「『日本書紀』編者は知っていたからこそ抹殺した」のではないかと思えてくる。

いずれにせよ、考古学が明らかにしたヤマト建国にいたる道筋は、新たな史論を生み出すし、『日本書紀』が何を隠し、何をでっちあげたのか、そのカラクリを明らかにできるはずだ。そして、謎を解き明かすヒントを握っていたのは、これまでほとんど注目されてこなかった「タニハ」だと思う。

ここで、タニハは、意外な手に出た。まず、越後《えちご》と手を結び、遠交近攻策を採り（先にこの手を使ったのは出雲だが）、出雲と越を牽制《けんせい》すると、それとは別に、文物を近畿地方南部や近江、東海に流し始めたのだ。近江と東海は発展し、その延長線上に前方後方墳の誕生とヤマト盆地への流入があったのだが、近江では、伊勢遺跡（滋賀県守山市と栗東《りっとう》市にまたがる）という、弥生時代後期を代表する巨大集落も生まれていた。纒向遺跡が出現する直前の「祭祀《さいし》と政治に特化された巨大都市」でもある。

伊勢遺跡はほとんど無名で、発掘後埋め戻されてしまったから、一般には話題に上らない。しかし、佐賀県の吉野《よしの》ヶ里《り》遺跡（佐賀県神埼郡《かんざきぐん》吉野ヶ里町と神埼市）に匹敵する規模を有していたと知れば、その大きさが分かってもらえるだろうか。邪馬台国の時代と重なり、ヤマト建国史と密接にかかわる遺跡だけに、残念だ。問題は、近江に生まれた巨大都市が、纏向出現とほぼ同時に衰退していたことだ。伊勢遺跡の人びとが奈良盆地になだれ込んでいた可能性もある。つまり、タニハが出雲や北部九州に対抗するために選んだ手が、「近江や東海、あるいは東の潜在能力を目覚めさせる」ことにあったのではなかったか。

そして、継体天皇を後押しした地域がヤマト建国時に活躍していたことは、無視できない。前方後方墳文化圏がヤマト建国の礎《いしずえ》を築き、六世紀に継体天皇擁立にもかかわっていたという事実は、のちに大きな意味をもってくるので、覚えておいてほしい。

新羅《しらぎ》の思惑とタニハ

タニハは日本列島だけではなく、朝鮮半島の新羅と手を組んだ気配がある。すでに触れたように、北部九州は列島人にとって、朝鮮半島や中国に通じる道の通過点であり止まり木だから、みなが欲する場所でもある。地政学的に考えれば、北部九州が独立を保つことはとてもむずかしい。

さらに、朝鮮半島南東部の新羅も北部九州が邪魔だった。そこにタニハは目をつけた。

どういうことか、説明しよう。

『後漢書』辰韓《しんかん》伝、『三国志』魏書辰韓伝などに、新羅の前身・辰韓の歴史が記されている。それによると、秦《しん》の始皇帝の労役から逃れてきた人びとが馬韓《ばかん》（朝鮮半島西南部。のちの百済）にたどり着いた。そこで馬韓は東の地を割き与えて住まわせたとある。

なぜ気前よく朝鮮半島の東南部を割いたかというと、山がちで土地は痩《や》せていたこと、中国との交通に不便な場所だったからだろう。

朝鮮半島はこのあと、北の騎馬民族国家・高句麗《こうくり》、西南部の百済、最南端の伽耶《かや》諸国（『日本書紀』に言う任那《みまな》）、東南部の新羅に分かれて国を形成していくが、新羅の発展は、やはり遅れた。彼らの悲願は中国へ続く航路を確保することにあった。そこで思いついたのは、「日本列島にも同じように不便な思いをしている人々がいる」ということだろう。新羅は陸路をとろうとしても、北側を高句麗に、西側を百済と伽耶に阻《はば》まれた。海を渡って行くにしても、最南端の伽耶は北部九州とつながっていた。伽耶の沿岸部は多島海で、奴国の阿曇氏に代表される倭の海人との親和性は高かった。

ちなみに、すでに弥生時代から、倭の海人は南西諸島の貝を交易品にしていて、九州西岸から北部九州を経由して、日本海沿岸部や朝鮮半島南部と交易を行っていた。これがいわゆる「貝の道」だ。

このように、朝鮮半島南部と北部九州はつながっていて、新羅がここを通交するのは困難だったし、あるいは何か見返りになるものを差し出さねばならなかっただろう。それでなくても貧しい土地に暮らしていた新羅にとって、厳しい状況が続いたのだ。

この新羅の困窮は、日本海沿岸部も同じだった。彼らにとって、北部九州は、日本海の発展を拒む厄介な地域だったのだ。その窮状は、瀬戸内海沿岸部も同じで、北部九州と朝鮮半島の航路を使えなければ、いつまでたっても瀬戸内海は、「潜在力を持った内海」でしかない。瀬戸内海は四つの出口がすべて狭く、海底の地形も起伏に富み、潮の満ち引きによって速い潮の流れが発生する。そのため、潮流を利用して素早い移動が可能だった。しかし、外に向かって航路が開けなければ、宝の持ち腐れである。

真っ先に手を打ったのは山陰側の出雲で、北部九州と手を組み、大量の鉄器を手に入れたのだ。地政学的に東を警戒していた北部九州にすれば、出雲が味方についたことは、大きな意味をもっていただろう。

問題は、新羅がこのあとどう動いたか、である。新羅が手を組んだのはタニハではなかったか。北部九州と出雲が手を組んでもっとも弱り果てていた地域は、タニハだった。

淡路島でみつかった弥生時代後期の鉄器工房

ヤマト建国をめぐる出雲の戦略を考える上で興味深いのは、淡路島と播磨国《はりまのくに》だ。弥生時代後期の近畿地方は鉄器の過疎地帯だったが、目と鼻の先の淡路島に、鉄器工房がみつかっている。国史跡・五斗《ごっさ》長垣内《かいと》遺跡（兵庫県淡路市黒谷）と舟木《ふなき》遺跡（淡路市舟木）だ。

五斗長垣内遺跡は平成十六年（二〇〇四）に巨大台風が淡路島を襲ったことで、偶然みつかった。海岸線から内陸部に少し入った場所で復旧作業中、農地から弥生時代後期の建物跡と多数の遺物が出土したのだ。

発掘を進めると、竪穴《たてあな》建物跡が二三棟みつかった。そのうち鉄器工房と思われる竪穴建物跡は一二棟、さらに鉄器一二七点、石製工具類が多数みつかっている。弥生時代後期（一世紀ごろ）に同じ場所で百年以上つづいた鍛冶《かじ》工房だったことがわかった。

南北約一〇〇メートル、東西約五〇〇メートル。鏃《やじり》、鉄片など七五点や、砥石《といし》、石槌《いしづち》、石製工具などが出土した。

　五斗長垣内遺跡の北東六キロの場所で舟木遺跡がみつかっていて、平成二十七年（二〇一五）に調査された。弥生時代後期の二世紀半ばから三世紀初めにかけての鉄器工房あとで、邪馬台国や纏向遺跡の出現とほぼ同時代となる。四〇ヘクタールの規模と思われるが、発掘調査はまだほんの一部だ。それでも一四棟の竪穴建物跡がみつかっていて、ひとつの床面は赤く焼けていた。また、鉄器や鉄片約六〇点がみつかった。

　ふたつの遺跡の発見で小躍りしたのは、邪馬台国畿内論者たちだった。近畿地方南部で鉄器がほとんど出なかったから、仮説の弱点になっていた。ところが、ヤマトから見下ろせる淡路島に、大量の鉄器が持ち込まれていたとなれば、話は別だ。

　しかし、淡路島の鉄は、淡路島が「西側勢力（北部九州と出雲）の東端」だったことを示していると思う。そう考える根拠は、ふたつある。

　まず第一に、近くに鉄が来ていたことは事実としても、肝心の近畿地方南部で、鉄器がほとんどみつかっていないことには変わりない。そして第二に、淡路島から古いタイプの銅鐸がみつかっていて、それが出雲と同笵《どうはん》だったことなのだ。つまり、出雲と淡路島の間に交流があったことは間違いなく、ヤマト建国直前の淡路島は、出雲と北部九州の「ヤマト圧迫策」の尖兵《せんぺい》、最前線だった可能性が高い。

ちなみにその銅鐸も、偶然みつかっている。平成二十七年四月、南あわじ市の石材加工工場の砂置き場で、銅鐸が七個みつかった。松帆《まつほ》銅鐸と名付けられている。付着した植物を炭素14年代法で分析すると、紀元前四〜紀元前二世紀のものとわかった。古いタイプの「聞く銅鐸」で、銅鐸を鳴らすための棒（舌《ぜつ》）もみつかっている。松帆銅鐸と兄弟関係にあったのは出雲の加茂岩倉《かもいわくら》遺跡（島根県雲南市加茂町）や荒神《こうじん》谷《だに》遺跡（島根県出雲市斐川町《ひかわちょう》）でみつかった銅鐸だ。

明石海峡争奪戦と『播磨国風土記』

なぜ、遠く離れた淡路島と出雲に交流があったのかというと、出雲から南東に向けて陸路（のちに出雲街道と呼ばれる）を通ると、播磨に着く。ここから明石海峡を渡れば、淡路島だ。

出雲にとって重要だったのは、淡路島そのものではなく、明石海峡だった。「ヤマトから東の勢力」を封じこめるには、瀬戸内海を利用させないことが求められ、そのためには、明石海峡を封鎖するのが手っ取り早かった。そのために、淡路島が必要となったのだろう。ここに鉄を送り込むことで、手《て》懐《なず》け、懐柔し、味方にして、東に寝返らないことを約束させたのだろう。

淡路島は、瀬戸内海の東側の「蓋《ふた》」であり、逆に言えば、明石海峡を奪われれば、瀬戸内海はピンチとなる。だから、出雲や北部九州は、淡路島を死守する必要があったし、そのためには、播磨の瀬戸内海沿岸部も、戦略上重要な場所になってくる。それゆえ出雲は、陸路で播磨に向かい、淡路島と接点をもっていたのだろう。弥生時代後期の播磨の瀬戸内海側に、出雲と北部九州の土器が流れ込んでいたことが確認されている。

『播磨国風土記』に、無視できない記事が載る。それは、出雲神とアメノヒボコ（天《あめの》日槍《ひぼこ》、天之《あめの》日矛《ひぼこ》）が、この地で戦ったというのだ。一回や二回ではなく、各地で何度も戦っている。

アメノヒボコは新羅王子だと『日本書紀』は言い、来日後瀬戸内海から近江を経由して但馬（タニハ）に行き着き、拠点を構えたと言う。

この物語、色々問題を抱えている。

まず、『日本書紀』に、アメノヒボコは第十代崇神天皇を慕って来日したが、すでに崇神は崩御していたとある。ヤマト建国黎明期《れいめいき》のことだ。ところが『播磨国風土記』は、アメノヒボコは出雲神と戦ったと言っている。ここで、歴史時代の人物・アメノヒボコが神話時代に紛れ込んでいたことになる。

もちろん、史学者の多くは、『播磨国風土記』の記事を無視するが、『播磨国風土記』は朝廷に提出する前の原本がたまたま残っていたもので、中央との「口裏合わせ」「摺《す》り合わせ」がされていなかった。ちなみに、提出され、朝廷のチェックを受けて訂正したであろう『播磨国風土記』は、散逸してしまっている。

つまり、『播磨国風土記』に限っていえば、古代の播磨国に残されていた伝承が掲載されていた可能性が高く、考古学は弥生時代後期に出雲とタニハは日本海で激しくやり合っていたこと、北部九州と出雲の土器が播磨に流れ込んでいたこともつかんでいる。

そして、出雲は陸路で播磨につながり、タニハも、本州でもっとも標高の低い（九五メートル）分水嶺《ぶんすいれい》（氷《ひ》上回廊《かみかいろう》）を越えて、陸路で播磨につながっていたのだ。とすれば、明石海峡争奪戦のための播磨の戦いは、地政学的にみて、「当然起こっていたであろう事件」とみなすことが可能だ。タニハが近江や東海をけしかけ、奈良盆地に拠点を構えた上で播磨を奪えば、形勢は一気に逆転できる……。『播磨国風土記』の記事は、この状況を見事に捉《とら》えている。

すでに述べたように、新羅とタニハの利害は一致していて、新羅のアメノヒボコがタニハに拠点を構え、西側からの出雲の圧迫に対抗し、播磨に侵攻したのは、じつに理にかなっている。出雲と北部九州によって封鎖された明石海峡を奪い、瀬戸内海の制海権を獲得できれば、出雲も吉備もヤマトに靡《なび》かざるを得ないだろう。

奈良盆地の東南部（オオヤマト）に近江や東海の人びとが移住し始めてすぐ、吉備や出雲その他の地域からも人びとが集まってきたことは考古学が明らかにしている。とすれば、播磨で勃発していた明石海峡争奪戦は、タニハに軍配が上り、情勢は一気に逆転したのだろう。出雲も北部九州の加勢を得て東に圧力をかけ続けてきたが、ここにいたり、ヤマトに合流したのである。

吉備の深慮遠謀

タニハが出雲と北部九州の圧迫を受け、これに対抗するために、眠っていた近畿地方南部と東の勢力を焚《た》きつけた結果、ヤマト建国の気運は高まったのだ。タニハの思惑が、ここで成就《じょうじゅ》している。

このあと、ヤマトに固まった勢力は、北部九州沿岸部になだれ込んでいる。なぜこの時代の人の流れが分かるかというと、当時の人々は土器を背負って旅をし、あるいは旅先、移住先で土器を造っていたから、どこからどの程度人が移動していたか、おおその見当はつくのだ。三世紀の日本列島の人の流れは、東海から東と西（ヤマト）、近畿地方や山陰地方から北部九州へと、大規模な移住が起きていたことが分かっている。特に、九州の奴国（福岡市周辺）に、多くの人びとが入ってきている。すでに触れたように、大分県日田市にも、畿内と山陰の人びとがやってきている。これは、戦略的に理にかなっていた。

ところが、ここから事態は急転する。奴国がヤマト政権の拠点になったあとしばらくして、奴国全体が衰退し、さらに、出雲のみならず、日本海全体が、衰退していくのだ。出雲の場合、四隅突出型墳丘墓を造営した中心勢力が、没落している。勝ち残ったのは、瀬戸内海（吉備）と東海だった。いったいここで、何が起きていたのだろう。

注目すべきは吉備の動きだ。

纏向に集まった土器の中で、吉備が占める数はわずかだったが、影響力は最大と目されている。その理由は、前方後円墳の原型が、まず吉備で生まれていたからだ。それが楯築《たてつき》弥生墳丘墓（岡山県倉敷市）で、円墳の両側に四角い出っ張りを造り、さらに特殊器台・壺《つぼ》を墳丘上に並べて祭祀を行っていた。纏向の前方後円墳は、いくつかの地域の埋葬文化を寄せ集めているが、中心的存在が吉備と考えられている。

さらに、これは特記しておくが、吉備は生駒山《いこまやま》の西側、河内になだれ込んでいる。纏向ではなく、河内に拠点を構えた。これも、戦略的には大正解で、近江や東海勢力が先にヤマトになだれ込んでしまったことで、瀬戸内海勢力はヤマトの中心（纏向）ではなく、西側の出入口をおさえ（大和川《やまとがわ》と瀬戸内海を結ぶ場所）、さらに、生駒山を占拠することによって、東側（近江と東海）に対し「抑止力」と「防衛力」を勝ち取ったのだ。ヤマト黎明期の混沌《こんとん》の中で、生き抜く知恵でもあっただろう。先にヤマトに乗り込んだ近江と東海にすれば、流通の要衝をおさえられてしまったことになる。

ちなみに、古代最大の豪族・物部《もののべ》氏は、大阪府八尾市付近が本貫地だが、まさに三世紀の吉備の土器が出土している場所だ。『日本書紀』には、物部氏の祖のニギハヤヒは天上界から天磐船《あまのいわふね》に乗ってヤマトに舞い下りたと言っている。天上界ではなく、吉備からやってきたのだろう。

もちろん、生駒山は西側から攻めてくる敵を追い返すための戦略上の要衝だった。瀬戸内海側から攻め寄せた神武天皇が生駒山を背にした長髄彦《ながすねひこ》に叩《たた》きのめされたことをみても、生駒山の戦略的な意味を知ることができる。そして吉備勢力は、これを「東に向けての城壁」に逆利用したわけだ。

生駒山を古くは「ニギハヤヒ山」と呼んでいたが、物部氏が吉備からやってきて、ヤマトで主導権を握る戦略を立てていた様子が見てとれる。

もうひとつ特記しておきたいのは、瀬戸内海の吉備勢力は河内を拠点化したが、そのあと、北部九州には向かっていないことだ。ヤマトの中心勢力と日本海勢力は建国の勢いそのままに北部九州に流入したが、吉備勢力は、黙々と河内の地盤がために集中していた。これも、考古学的にはっきりとわかっている。

タニハを中心とする日本海グループにとっては、北部九州から朝鮮半島へと続く航路を奪うためのヤマト建国であり、北部九州制圧は悲願だっただろう。ところが、ここに大きな落とし穴が隠されていたと思う。瀬戸内海の吉備の戦略が、一枚上手だったのだ。日本海勢力の兵站《へいたん》が伸びきったところで、吉備は東海勢力と手を組み、日本海グループを裏切った形になる。

こうして、ヤマト建国前後の主導権争いは、瀬戸内海の勝利となった。日本海は、一気に没落してしまった。

ヤマト建国後、力を握ったのは瀬戸内海勢力

考古学は三世紀にヤマト勢力が北部九州になだれ込んだこと、その直後に、日本海勢力が衰退し、瀬戸内海と東海地方が勝利したことを明らかにしている。伝説も、この図式を証明している。

『日本書紀』神話の舞台は出雲と南部九州だけだが、「出雲」とは、要するに、ヤマト建国前後の日本海勢力を象徴していたのだと思う。

出雲の国譲りを成功させたのは、経《ふ》津主神《つぬしのかみ》と武甕槌神だが、前者は物部系の、後者は尾張系の神だ。

武甕槌神は鹿島神宮の祭神として知られていて、中臣系と信じられているが、実際は尾張系だろう。そう思う根拠はある。

イザナミは火《ひ》之《の》迦《か》具土神《ぐつちのかみ》を生んだとき、ホト（女陰）を焼かれて亡くなった。イザナキは火之迦具土神を斬《き》り、多くの神が生まれるが、その中に「建御雷之《たけみかずちの》男神《おのかみ》（武甕槌神）」がいた。この時イザナキが使った剣が「天之《あめの》尾《お》羽《は》張《ばり》」と呼ばれていた。火之迦具土神の「カグ」は、尾張氏の祖の「天香語（具）山命」に通じる。

　また、火之迦具土神を斬った時使われたのは天之尾羽張（十握剣）で、武甕槌神は天之尾羽張の子だと『日本書紀』や『古事記』に記録されている。この天之尾羽張は神武東征に際し高倉下命《たかくらじのみこと》から神武に授けられた。高倉下命は尾張系の祖だから、ここでも武甕槌神と尾張氏の接点が見出《みいだ》せる。天之尾羽張は尾張氏の象徴だろう。『日本書紀』に残された「出雲いじめ」は歴史時代に入ってからも続いていて神話と同じように、物部氏と尾張氏がタッグを組んで遠征している。

旧石見国《いわみのくに》（島根県西部）の物部神社の伝承が興味深い。ヤマト建国後、ニギハヤヒの子の宇摩志麻治命《うましまじのみこと》と尾張氏の祖の天香語山命《あまのかごやまのみこと》は新潟に赴き、開拓した。天香語山命はそのまま残り、彌彦《やひこ》神社（新潟県西蒲原《にしかんばら》郡）に祀られ（墓もある）、宇摩志麻治命は石見に舞い下り、出雲を監視したという。

　尾張氏は、新潟だけではなく、京都府の日本海側の籠《この》神社（宮津市）にも楔を打ち込んでいるが、「出雲（日本海）いじめ＝出雲の国譲り」の延長線上に、物部氏と尾張氏による日本海封じこめ策がとられたのだろう。これらの神社の配置からはっきりとわかる。

　日本海勢力の敗北は、新羅にとっても痛手だっただろう。瀬戸内海勢力はこのあと、北部九州から朝鮮半島へと続く航路を確保し、莫大《ばくだい》な富を築いていく。当然、瀬戸内海勢力は朝鮮半島の南部の伽耶地域と西南部の百済を重視していくようになる。中国王朝とつながるには、このルートを確保する必要があったからだ。そして、新羅は百済と敵対していたから、瀬戸内海勢力が主導するヤマト政権も、新羅を邪険に扱っていくようになる。

四世紀末から高句麗が南下策をとると、ヤマト政権は度々遠征軍を派遣したが、それは、瀬戸内海勢力にとって、大切な利権が朝鮮半島南部に存在したからだろう。のちに、百済の役人の中に倭人が名を連ねていくようになるが、当然、物部系が多かった。

前方後円墳の原型を吉備が造り、それを吉備出身の物部氏が継承し、六世紀に物部守屋《もりや》が滅ぶまで、前方後円墳体制は継続したのだ。つまり、継体天皇が出現したころも、瀬戸内海（物部）の力は、まだ健在だったのであり、ヤマト建国の歴史にこだわったのは、ここをおさえておきたかったからなのだ。

神功皇后説話とヤマト建国

もう少し、ヤマト建国の話をしておかなければならない。

『日本書紀』はヤマト建国の歴史を熟知していたのに、真相を闇《やみ》に葬《ほうむ》った。藤原氏の宿敵の蘇我氏の祖が、ヤマト建国の場面で大活躍していたからだ。

そこで『日本書紀』はヤマト建国の時代を「神武・崇神・応神」の三つに分解して記録している。そして三つのヤマト建国説話の中で、もっとも歴史の新しい神功皇后と応神天皇が、考古学の示すヤマト建国の歴史そのものなのだ。

ヤマト建国の考古学が、この劇的な日本列島の変化を描き直してくれたおかげで、『日本書紀』の読み方も、大きく変わった。考古学の示す建国劇を、ほぼ正確に再現しているからである。もちろんそれが、神功皇后の西征と応神の東征だった。そこで『日本書紀』に何が描かれているのか、紹介しておこう。

『日本書紀』仲哀天皇二年三月、仲哀天皇は紀伊国《きのくに》を巡察し、徳勒津宮《ところつのみや》（和歌山市新《しん》在家《ざいけ》）に滞在中、九州の熊襲が背いたと知らせを受け、海路を使って（瀬戸内海を通ったのだろう）穴門《あなと》（山口県西部）を目指した。神功皇后は角鹿《つぬが》から日本海経由で西に向かい、穴門豊浦宮《とゆらのみや》（下関市）でふたりは合流した。そしてここでしばらく滞在する。

仲哀天皇八年春正月、北部九州沿岸部の首長（王）たちが恭順してきて、ふたりは橿日宮《かしひのみや》（福岡市）に入った。東側から福岡市一帯を支配するには、ここしかない防衛力のある高台で、この宮を手に入れたという『日本書紀』の記事は、想像ではない。

秋九月、橿日宮で軍議が開かれ、この場で神のお告げがあって、「熊襲にかまわず、新羅を討て」という。しかし仲哀天皇は神の言葉を無視して熊襲征討を強行したため、翌年春二月に、急死してしまう。

三月、神功皇后は宮を松峡宮《まつおのみや》（福岡県朝倉市）に移し、山門県《やまとのあがた》（福岡県みやま市）の女首長（土蜘蛛《つちぐも》・田油津媛《たぶらつひめ》）を討ち取り、反転して新羅征討に向かったのだった。

十二月、凱旋《がいせん》した神功皇后は、「誉田天皇《ほむたのすめらみこと》（応神天皇）」を筑紫《つくし》で産んだ。

このあと、誉田天皇は武内宿禰に守られて瀬戸内海を東に向かい、ヤマトを目指す。ところが、腹違いの兄ふたり（麛坂王《かごさかのみこ》・忍熊王《おしくまのみこ》）が王位を奪われることを恐れて、歯向かってきたのだった。播磨で天皇のために陵《みささぎ》を造ると偽り、船と船をつなぎ、淡路島に渡り、石を運んできて積み上げた。みなに武器を持たせ、待ち構えたのだった。ところが、東の軍勢を集めようとした麛坂王が不慮の事故で亡くなり、これは不吉なことと忍熊王は陣を住吉に移した。神功皇后は武内宿禰に命じて、皇子《みこ》を紀伊水門《きのみなと》（紀ノ川の河口）に向かわせた。

このあと、神功皇后は応神と日高（和歌山県日高郡。和歌山市から南に下った場所）で再会し、武内宿禰と和珥臣《わにのおみ》の祖・武振熊《たけふるくま》に命じて数万の兵で菟道《うじ》（宇治市）に布陣する忍熊王を討たせた。武内宿禰は精兵を選んで山背《やましろ》（京都府南部）から菟道にいたり、忍熊王を攻め、逢坂《おうさか》（滋賀県大津市）に逃れた忍熊王を滅ぼした……。

このあと、神功皇后摂政紀十三年には、次の記事が載る。神功皇后は武内宿禰に命じて、太子（応神）とともに角鹿の笥飯大神《けひのおおかみ》を参拝させたと言う。

『古事記』には、角鹿の神は伊奢沙和気大神之命《いざさわけのおおかみのみこと》で、夢の中に神が現れ「私の名前を御子《みこ》の御名《ぎょめい》に替えようと思う」と告げたとある。

摩訶《まか》不思議な話だ。ただ、角鹿の地名は伽耶王子・ツヌガアラシト（都怒我阿羅斯《つぬがあらし》等《と》）からついていて、角鹿の神は、ツヌガアラシトと深く関わりがあるに違いなく、さらにツヌガアラシトとアメノヒボコが同一と考えられている。とすれば、応神天皇とタニハに、強い因縁があることは間違いない。武内宿禰が紀伊半島に迂回し、その後菟道から近江をへて、角鹿まで応神とともにめぐってきたという設定も、無視できない。

神功皇后の戦略

これまで、神功皇后は実在したのかどうかさえ、危ぶまれてきた。説話が神話じみていたし、「新羅征討は四世紀後半にはなかった」からだ。まして、女性皇族が指揮をとって遠征軍を送り込んだという設定も、じつに怪しい。

しかし、たとえば近江と接点がある女傑が日本海から北部九州に押しかけ橿日宮に拠点を造り大活躍したという設定も、まさに、ヤマト建国の考古学とおもしろいように重なっている。

神功皇后は穴門豊浦宮で無駄と思える数年を費しているが、これは対岸の大分県に侵攻し日田の盆地を奪うための年月だろう。このあと突然、北部九州沿岸部の首長たちがこぞって恭順してきたのは、搦め手《からて》の日田を奪ったこと、さらに、奴国の王を懐柔することに成功したからだろう。纏向に人びとが集まったあと、北部九州の奴国に東側から人が流れこんでいたことはすでに触れたが、『日本書紀』の中で神功皇后が重用していたのは、阿曇氏の祖で、彼らこそ、奴国を地盤にして各地にネットワークを広げていた海人であり、阿曇氏は奴国王の末裔だった可能性が高い。奴国と西隣の伊都国《いとこく》はライバル関係にあって、奴国はヤマトと手を組んだことで北部九州での地位を固めようと目論《もくろ》んだのだろう。

さらに、これもすでに触れたように、『日本書紀』は神功皇后の時代に「魏志倭人伝」の記事を引用している。史学者はこの記事は干支《かんし》二巡古く見せかけているだけだと無視するが、神功皇后が仲哀天皇の死後南側の筑後川の北岸に陣を敷き、山門県の女首長を滅ぼして九州遠征を終えていたという『日本書紀』の記事を無視することはできない。邪馬台国北部九州説の最有力候補地が山門県であり、南側の山門県を攻略するには、北側の丘陵地帯を背にした朝倉市付近に拠点を構えるのが、まさに合理的なのである。

ところで、江戸時代の国学者・本居宣長は独自の邪馬台国説を唱えていた。邪馬台国は「ヤマト」で、近畿地方にあったが、北部九州の女首長が、魏に使者を送り、「われわれがヤマト（邪馬台国）」と、ウソの報告をしたのだと推理した（邪馬台国偽《ぎ》僭《せん》説）。この発想を戦後の史学者は無視するが、じつに魅力的で、これが正解だと思う。ヤマトは急成長し、吉備や出雲まで靡《なび》いてしまった中で、かつての繁栄を取り戻そうと、北部九州の一部の人々が手を組み、魏に使者を送り、外交戦で優位に立とうとしたのだろう。また、「親魏《しんぎ》倭《わ》王《おう》」の称号を獲得すれば、ヤマトも力攻めできないという読みがあったのではなかったか。

奴国と伊都国と邪馬台国の葛藤《かっとう》

「魏志倭人伝」には不思議な記事が載る。魏の使者が壱岐から末盧《まつら》国《こく》（佐賀県唐津市周辺）に着いたあと、前を行く人の背中が見えないようなブッシュを歩かされたと言っている。これはどういうことだろう。

邪馬台国から朝鮮半島へと続く交易路が、獣道よりもひどいわけがない。末盧国から伊都国や奴国に抜けるなら、船を使うはずだ。それにもかかわらず、歩かされたのだとすれば、しかもひどい藪《やぶ》の中だったとすれば、それは「船に乗れば、魏の使者が来日していることを他に知られてしまうから道なき道を歩かされた」のではあるまいか。

この時代、すでにヤマト勢力は奴国（福岡県福岡市と周辺）に進出していた。だから邪馬台国は、外交戦でヤマトをはねかえそうと策を弄《ろう》したのだろう。これに協力したのが伊都国ではなかったか。

伊都国と奴国は隣りあって敵対していたようで、「魏志倭人伝」には、邪馬台国の一大率《いちだいそつ》（派遣官）が伊都国に常駐していたといい、倭国の邪馬台国にとって、伊都国がもっとも大切な国だったことがわかる。また、奴国の記事は驚くほど少なく、ほぼ無視されている。

後漢から金印をもらい受けていたのは奴国なのに、邪馬台国が軽視していたとすれば、それはヤマトと奴国のつながりを、おもしろく思っていなかったからだろう。魏の使者が奴国に立ち寄ることを阻止しなければ邪馬台国のウソがばれ、また、海の民の奴国の人間が末盧国から魏の使者が伊都国に向かう姿を見れば、ヤマトに報告していただろう。
「魏志倭人伝」によれば、邪馬台国の卑弥呼は魏に対し、「狗奴《くな》国《こく》と交戦中」と報告し、その最中に亡くなっている。

神功皇后は奴国とともに戦ったのだろうし、卑弥呼にすれば、「本物のヤマト（邪馬台国）が攻めてきた」と報告することもできず、「狗《いぬ》（犬。ヤマトの犬）の奴国＝狗奴国」に攻められていると、報告したのではなかったか。

けれども、神功皇后は奴国から南を攻め、山門県（ニセの邪馬台国）の女首長＝卑弥呼を叩きのめし、そのあと、神功皇后が卑弥呼の宗女《そうじょ》（一族の女性）を名乗り、邪馬台国の女王の地位を継承したのではないか。「本物の邪馬台国がニセの邪馬台国を潰《つぶ》しました」と報告することもできず、苦肉の策だったに違いない。

ちなみに、「魏志倭人伝」には、卑弥呼の宗女は台与（壱与《いよ》）だったとあるが、神功皇后は「トヨの海の女神」と接点があって、だからこそ、穴門の拠点は「豊浦宮」だったのだろう。これは、「トヨの港の宮」の意味になる。神功皇后は邪馬台国のトヨ（台与）だろう。

ヤマト建国後の主導権争い

ヤマト建国の考古学と神功皇后の西征は、ぴったりと重なってしまったのだ。邪馬台国の謎も神功皇后をトヨとみなすことで氷解する。ここで話は天孫降臨神話と初代王・神武天皇に飛ぶ。

出雲の国譲りを終えたアマテラスは、孫の天津《あまつ》彦彦火瓊瓊杵尊《ひこひこほのににぎのみこと》（以下ニニギ）を地上界に下すことにした。ニニギは南部九州の高千穂峰《たかちほのたけ》（宮崎県と鹿児島県の県境の高千穂峰と宮崎県西臼杵《にしうすき》郡《ぐん》高千穂町の二説あり）に舞い下りた。そして歩いて笠狭碕《かささのみさき》（鹿児島県南さつま市笠沙町の野間岬）に向かった。天皇家の祖神は、こうして日向の地で活躍を始めた。

ニニギの子が彦火火出見尊（山幸彦）で、孫が彦波瀲《ひこなぎさ》武《たけう》鸕鷀《がや》草葺不合尊《ふきあえずのみこと》。その子が、神日本磐余彦尊《かむやまといわれびこのみこと》（神武天皇）だ。問題は、神武の母と祖母が、ふたりとも海神の娘だったことにある。祖母の名は豊玉姫で、「トヨの海の女神」だ。そして、これらの海神を祀っていたのが、奴国の阿曇氏である。

ここで、なぜか神功皇后と天孫降臨神話がつながってくる。『日本書紀』に応神を生んだ神功皇后はヤマトに向かったとあるが、これは途中の肝心な話を端折《はしょ》っているのであって、南部九州の地で神功皇后の子や孫たちが、奴国の阿曇氏らとともに、逼《ひっ》塞《そく》していて、そのあと、神武（応神）は、ヤマトに向かったのではないか。そう思う理由を述べておく。

すでに触れたように、纏向出現後のヤマト政権は、奴国に拠点を構えたのだ。ところがこのあと、なぜか奴国が一気に衰退し、日本海全体が埋没していく。その原因を探っていくと、ヤマト建国黎明期に勃発した主導権争いを想定せざるをえない。日本海勢力は奴国と手を組み、邪馬台国を潰し、朝鮮半島へと続く航路を確保したのだろう。しかし、邪馬台国の卑弥呼は「親魏倭王」だったから、これを殺したとは魏に悟られてはならず、日本海勢力は神功皇后（モデルとなった女性はトヨか？）を宗女として王に立てて、魏に報告した。するとここで、日本海勢力と瀬戸内海勢力の間に、疑心暗鬼が生まれ、さらに、日本海と瀬戸内海二つの流通ルートのせめぎ合いも重なって、対立関係が生まれたのだろう。

両者が衝突するきっかけは、魏の滅亡であり、トヨが魏の後ろ盾をいよいよ失い、晋《しん》に朝貢するも軽くあしらわれ、ここにヤマトの瀬戸内海勢力は、一気に北部九州を攻め落とし、日本海勢力は南部九州に逃れたのではなかったか。これが出雲（日本海勢力）の国譲りであり、天孫降臨神話の真相ではないか。

つまり、天孫族は日本海勢力で、主導権争いに敗れて、散り散りに逃げ惑ったのだろう。その証拠が、福岡市志賀島《しかのしま》の金印（奴国王が後漢からもらい受けた）と日田市の金銀錯嵌珠龍文鉄鏡《きんぎんさくがんしゅりゅうもんてっきょう》だと思う。

ヤマト建国前後の主導権争いを考える上で大切なところなので、すこし説明しておきたい。

後漢からもたらされた二つの至宝

志賀島の金印（印綬《いんじゅ》）は、すでに江戸時代にみつかっていて、論争にもなり、有名だが、金銀錯嵌珠龍文鉄鏡は、ほとんど知られることはなかった。

二つのお宝には共通点があって、発見が偶然だったこと、国宝級のお宝なのに、まるで廃棄するかのように、土中に埋まっていたことだ。さらに、二つとも、後漢からもらい受けた至宝なのである。

志賀島の金印は、天明四年（一七八四）、那珂郡《なかぐん》志賀島村の百姓甚兵衛が、偶然みつけている。水田の溝を修復していて、ふたりで持ち上げるほどの石を取り除くと、光るものがあって、奉行所に届け出たのだ。発見場所は、海まで二間半＝四・五メートルだった。

大きさは一辺約二・三五センチで、これはちょうど後漢初期の一寸《すん》だ。「漢委奴国《かんのわのなこく》王《おう》」の五文字が三行に彫られていた。倭の奴国王が後漢に朝貢し、もらい受けたものだ。『後漢書』倭《わ》伝《でん》は、「倭の奴国に印綬を授けた」と記録していた。「印綬」は、印章と附随する「鈕《ちゅう》（ツマミ）」全体を指している。志賀島の金印の鈕は蛇で、とぐろを巻いており、体にウロコを表す魚子《ななこ》文《もん》が刻まれていた。「奴国王の祖神が蛇」という伝承にあわせて鋳造した可能性が高い。

贋作《がんさく》ではないかと疑われてきたが、今では、さまざまな証拠が集まっていて、本物とする考えが主流となっている。贋作なら、もっと信憑性のある発見の物語を考えただろう。寺や神社、あるいは遺跡や古墳から見つかったと報告するはずだ。誰が「水田からお宝がみつかった」と嘘《うそ》をつくだろう。刻まれた文字から考えれば、「奴国王の墓」から出てくることが、もっともらしいし、それが普通に考えられる。志賀島の浜辺近くで漬物石よりも一回り大きい石の下から出て来たという「信じがたい物語」は、作り話ではないだろう。

もうひとつ、気になるお宝が、金銀錯嵌珠龍文鉄鏡である。

昭和八年（一九三三）、久大《きゅうだい》本線建設中、盛土用の土を採取している際、三芳駅《みよしのうまや》東方約四〇〇メートルのダンワラ古墳（大分県日田市日高町）の石棺の中から刀、馬具、勾玉《まがたま》、錆《さび》だらけの鉄の塊がみつかった。ところが鉄の塊はこのあと日田から消えてしまう。戦後、なぜか奈良の古物商のもとに渡っていて、考古学者梅原末治が買い取った。研ぎ出してみると、後漢鏡と判明した。鋳鉄製で、直径二一・一センチ、厚さ二・五ミリ。裏面には八匹の龍を金と銀で表現し、目に緑色の石英がはめられていた。鏡の縁は渦雲文《かうんもん》で、後漢では王族や高貴な人物でないともてない貴重な鏡だった。

トヨは伊都国と瀬戸内海勢力に急襲された？

金銀錯嵌珠龍文鉄鏡の問題は、みつかった場所だ。「古墳から出土した」という話は、考古学者の「想像」だった可能性が高い。

金銀錯嵌珠龍文鉄鏡が出土した時、現場に考古学者は立ち会っていない。当時は線路を敷くような場合、前もって発掘調査をするわけではなかった。また、地元の人は、土砂が崩れ、その中に宝物が混じっていた、と語り継いできた。しかも、一帯は工事によって破壊し尽くされていた。だから、明確な判断は、すでにつかなくなっていた。

しかし考古学者は「古墳（ダンワラ古墳）から出土したのだろう」と考えるようになった。梅原末治も昭和三十八年（一九六三）に現地を訪れ、発見者に事情を聞き、古墳から出土したのではないかと推理している（『日田の宝鏡』木藪正道　芸文堂）。金銀錯嵌珠龍文鉄鏡のようなお宝が土中に捨てられるように埋まっているはずがないという「常識的判断」があったのだろう。

問題は、なぜ奴国と日田の地下に、後漢の至宝が埋もれていたのか、である。よくよく考えてみれば、どちらの土地も、ヤマト政権が北部九州を制圧するためには、なくてはならぬ場所であり、どちらも前線基地を築いていた。ここに、何かしらのヒントが隠されていたのではないか。

九州国立博物館文化交流展示室長（当時）の河野一隆は、伊都国との主導権争いに敗れた奴国王が、伊都国王にお宝が渡らぬよう、金銀錯嵌珠龍文鉄鏡を日田にもちこんだのではないかと指摘している（西日本新聞、二〇〇七年十一月六日）。

考古学は、三世紀に起きていた奴国の衰退と伊都国の隆盛を明確にしている。伊都国が奴国を滅ぼした可能性は高いのだが、伊都国を後押ししていたのは、ヤマトの瀬戸内海勢力だろう。あるいは、瀬戸内海勢力は伊都国と示し合わせて、奴国と日田の二箇所を攻略したのだろう。そして、志賀島の金印と日田の金銀錯嵌珠龍文鉄鏡が、ぞんざいに土中に埋まっていたのは、急襲され散り散りに逃げ惑う中、お宝を敵の手に渡さないためだろう。あるいは、呪術《じゅじゅつ》で敵を払いのけるために、お宝を埋めた可能性もある。そして、戻ってきた時にすぐに見つかるように目印の石を置いたのか……。

なぜ後漢から奴国の阿曇氏がもらい受けたであろう二つの至宝、金印と金銀錯嵌珠龍文鉄鏡にこだわったかというと、ヤマトの二つの勢力が北部九州で衝突し、敗れた日本海勢力の貴種が、阿曇氏の海のネットワークに導かれ、方々に落ち延びていったのではないかと疑っているからだ。そして、その中の一組が、南部九州にたどり着いたのではなかったか。これが、いわゆる天孫降臨神話である。

天孫降臨を歴史に書き替えてみると

天上界から高千穂に神が舞い下りたという話は、明らかな神話だ。ただし、高千穂から王家の祖神は歩いて笠狭碕に向かったという。岬の根っこに天然の良港を備え、しかも野間岳は海人たちの格好の「灯台」「目標」になった。南西諸島から北部九州、日本海、朝鮮半島に通じる海人たちの「貝の道」の格好の止まり木が、野間岬だった。王家の祖は阿曇氏らとともに、ここに落ち延びたのだろう。日向神話の中でももっとも有名な海幸山幸神話は、山幸彦（彦火火出見尊）が塩土老翁《しおつつのおじ》に導かれて海神の宮に向かい、豊玉姫と結ばれるお話だが、豊玉姫の孫の神武もまた、塩土老翁に勧められてヤマトを目指している。塩土老翁は住吉大神の別名で、豊玉姫と海神を祀っていたのが、阿曇氏だ。ここで、橿日宮の神功皇后が住吉大神と結ばれ、阿曇氏を重用していた話が、思い出される。天孫降臨神話と日向神話は、創作と史実が入り交じっているとしか思えないのである。

　すると、次の謎が登場する。南部九州に逃れた日本海勢力の貴種だったが、なぜ神武天皇は、ここから復活できたのだろうかということなのだ。

　ヤマトの実在の初代王は第十代崇神天皇とされていて、神武と同一人物ではないかと考えられているが、両者は別人で同時代人だろう。

　崇神天皇の時代、国内で疫病《えきびょう》がはやり、人口が半減してしまった。そこで占ってみると、大物主神《おおものぬしのかみ》の意思と分かった。大物主神の子を探し出してきて大物主神を祀ればよいと言うことなので、その通り実行したのだ。

　大物主神は出雲の神で、三輪山（奈良県桜井市）に祀られるが、山頂の高宮《こうのみや》神社の祭神が「日向御子《ひむかのみこ》」だ。「御子」は「童子（子供）」「若」「稚」で、古代人はこれらを「暴れ回り祟《たた》りをもたらす鬼」と信じていた。だから、日向御子は「日向（南部九州）

からやってきた鬼」を意味している。なぜ、大物主神を祀る三輪山に、大物主神ではなく日向の鬼が鎮座するのか。

ここで、『日本書紀』に描かれた神武東征の最後の場面を紹介しておきたい。

神武がヤマトにやってきたとき、君臨していたのは物部氏の祖のニギハヤヒで、ニギハヤヒが天上界から天磐船に乗って舞い下りてきたとき、ヤマトにはナガスネビコ（長髄彦）がすでにいて、彼の妹を娶《めと》ることで、ニギハヤヒは王位に就くことができた。そして、神武のヤマト入りにナガスネビコは抵抗したので、ニギハヤヒはナガスネビコを殺して神武を迎えいれ、王に立てたという。

この話、不自然だ。なぜニギハヤヒは身内を裏切ったのだろう。

こういうことではなかったか。大物主神の祟りを恐れたのは崇神だが、その正体はニギハヤヒで、神武は「大物主神の子（末裔）」だったのではないか。

崇神天皇の母と祖母は物部系で、これは要するに『日本書紀』が、「崇神は本当は物部氏でニギハヤヒ」だったことを暗示しているのだと思う。そして、ニギハヤヒは、北部九州の日本海勢力を裏切り、「出雲の祟り」に脅《おび》えていたのだろう。「出雲」とは、神話の世界の話であって、現実の「出雲」は、タニハを中心とする日本海勢力である。

これが、出雲の国譲り、天孫降臨神話、神武東征の真相だと思う。

ヤマトの纏向に人々は集い、そのあと北部九州に群がった。しかし、邪馬台国の卑弥呼の王家を日本海勢力の近江出身の神功皇后（トヨ）が継いだことにより、ヤマトは分裂した。そして、魏が滅亡して後ろ盾を失った日本海勢力は、ニギハヤヒ（物部氏、吉備）の瀬戸内海勢力に裏切られ、散り散りに逃げたのだろう。南部九州に逃れた貴種たちの末裔が神武天皇で、疫病の蔓延《まんえん》は日本海勢力の祟りと感じた崇神（ニギハヤヒ）は、日向御子（鬼・神武）をヤマトに呼び寄せ、祭司王にして擁立したのだろう。

　これがヤマト建国後の主導権争いの顚末《てんまつ》であり、この裏事情がわかったことによって、ようやく継体天皇の「立ち位置」がはっきりとしてくるのだ。

『日本書紀』がわざわざ継体天皇を「応神の五世の孫」と設定したのは、北部九州で敗れたいくつかのグループの一派が、越に逃れていたということではなかったかと、思いいたるのである。武内宿禰の末裔の蘇我氏が、六世紀に継体天皇の出現とほぼ同時に勃興し、「我れ蘇《よみがえ》れり」と名に込め、宣言したのも、「失われた日本海の時代」が、ここに復活したことを言い表しているのではあるまいか。

第三章　三つの王家の融合

歴史を抹殺する動機が八世紀の朝廷にはあった

考古学の明らかにしたヤマト建国の詳細を、『日本書紀』に当てはめることはできないのか……。ぴったりと重なるのは神話と神功《じんぐう》皇后の西征ではないか……。そしてわかってきたのは、実際に神武天皇は南部九州からやってきた可能性が高いことで、「富み栄えた強い王がヤマトに君臨した」というこれまでの常識を取っ払わなければならないことに気づかされるのである。

それにしても、敗れた者が求められて王位に就いたという歴史が、日本史のはじまりとは、やはり驚きだ。

ヤマトの王家は、敗れ、零落し、政権を呪《のろ》っていたのだ。そして、裏切った側（瀬戸内海勢力）が「疫神《えきじん》の恐怖（疫病の蔓延《まんえん》）」に耐えきれず、呪い祟《たた》る恐怖の王＝日本海の大物主神《おおものぬしのかみ》を鎮《しず》めることができる「御子《みこ》＝鬼」を、日向《ひむか》から連れてきたのだろう。また、『日本書紀』はヤマト建国の詳細を知っていたからこそ、歴史を改竄《かいざん》し時代を幾重にもくり返し、真相を闇《やみ》に葬《ほうむ》ったと思われる。

八世紀の朝廷に、歴史を抹殺する動機は、備わっていた。藤原氏の宿敵・蘇我《そが》氏の祖が王家の根っこに屹立《きつりつ》していたから、その事実を抹殺しなければ、藤原氏の正義を証明することができなかった。蘇我氏は、王家の遠い親族であり、応神天皇五世の孫という継体天皇とも同族という意識があったにちがいない。

また、瀬戸内海勢力に裏切られた日本海勢力の貴種の中には、南部九州だけではなく対馬《つしま》や日本海沿岸を伝って落ち延びた者もいただろう。『日本書紀』の示した神功皇后の子は誉田天皇《ほむたのすめらみこと》（応神天皇）だけだが、『古事記』は、もうひとり男子が生まれていたと記録している。品夜和気命《ほむやわけのみこと》と大鞆和気命《おおともわけのみこと》（別名が品陀和気命《ほむだわけのみこと》。兄が品夜和気命、弟が品陀和気命。ややこしいが、弟が応神天皇）で、あるいはもっと兄弟がいたかもしれず、その中のひとりが越に逃げていたとしても、なんら不思議はない。神功皇后と住《すみ》吉大神《よしのおおかみ》の間の子が継体天皇の祖という言い伝えがあったかもしれず、だからこそ応神天皇五世の孫と称していた可能性がある。

これは改めて確認しておく必要があると思うが、住吉大神の別名は塩土老翁《しおつつのおじ》で、この神は天皇家の祖神を「導く（嚮導《きょうどう》）」属性を備えていた。その塩土老翁とそっくりなのは蘇我氏の祖の武内宿禰《たけのうちのすくね》で、三百歳近い長寿を保ち、老人のイメージが付きまとう。さらに、神武天皇をヤマトに誘ったのが塩土老翁だったが、応神天皇を守り、ヤマトに導いたのは武内宿禰だった。

すでに触れたように、『古事記』は建内宿禰《たけのうちのすくね》（武内宿禰）の末裔《まつえい》が蘇我氏だったと記録しているが、『日本書紀』は武内宿禰と蘇我氏のつながりについてなにも触れていない。蘇我氏の祖は、『日本書紀』を読むかぎりまったくわからない。もちろん『日本書紀』は知っていて書かなかったのだろう。祖の名を出さなかったのは、蘇我氏が正統な血筋にあったからである。

山背《やましろ》（京都）に都がおけなかった理由

ヤマト建国の詳細がわかってみると、継体天皇の行動の真意が明らかになってくる。たとえば、なぜ継体天皇は即位後二十年の間、淀川水系のまわりをうろうろして、ヤマトに入ろうとしなかったのか、その理由をはっきりと言い当てることが可能となった。

まず、日本列島の中心となる都は、どこが一番相応《ふさわ》しかったかを考えると、淀川水系だったと思いいたる。

淀川水系は日本列島の東西、南北をつなぐ巨大ジャンクションだ。宇治橋の西側には、江戸時代まで巨大な湖沼（巨椋池《おぐらいけ》）が存在し、水路で各地をつないでいた。丹波から保津川、琵琶湖から宇治川（淀川）、三重と奈良から木津川が流れこんだ。宇治川を遡《さかのぼ》り、琵琶湖北側の低い峠を越えれば、そこは日本海だ。琵琶湖の東部から陸路をとれば、不《ふ》破関《わのせき》（岐阜県不破郡関ケ原町。いわゆる関ヶ原）を抜けて東国に通じている。建築資材は、琵琶湖周辺の山林で伐採して川に流せば、そのまま巨椋池に流れ下る。淀川を下れば瀬戸内海で、巨椋池から南東に進めば、奈良県境を嘗《な》めるように進んで、三重県に出られる。

巨椋池と琵琶湖こそ、日本列島の水運のカナメだったことがわかる。織田信長が安土城を琵琶湖の水辺に築いた意味も、理解できると思う。

つまり、淀川水系の山背（山城。京都府南部）が、日本の都としてもっともふさわしかったのだ。防衛という視点で見ても、東西と北側を山で包囲されていて、悪くない。東から攻められるとすれば、琵琶湖の瀬田川を第一防衛ラインにできる。次のラインは逢坂山《おうさかやま》のあたりだ。そこを越えられても、まだ丘陵地帯が存在する。西側から攻められれば、石清《いわし》水八幡宮《みずはちまんぐう》と天王山に陣を敷けばよい。

ならば、なぜ三世紀からあと、八世紀末、長岡京（京都府向日《むこう》市、長岡京市、京都市にまたがる）、平安京遷都《せんと》が行なわれるまで、都は基本奈良盆地に置かれたのだろう。

まず、最初のきっかけが「東側からやってきた人びとが安心できた」ことだった。

縄文時代から奈良盆地と東国は陸路でつながっていて、ちょうど三輪山の南側の最古の市場・海柘榴市《つばいち》のあたりが、東国に通じる玄関口だったのだ。古代の奈良盆地は関西圏にありながら、東の文化の影響を強く受けた「西に突き出た東」と、近年考古学者も思い始めている。たとえば、弥生時代に稲作が北部九州から東に向かって伝播《でんぱ》し始めると、橿原《かしはら》市付近に「土偶」が増えている。どうやら稲作文化をはね返すための呪術《じゅじゅつ》が執り行われていたようなのだ。

三世紀初頭に奈良盆地の纏向《まきむく》に人びとが集まり始めたのは、「西側から攻められても、盆地の西側の山並みが城壁となってくれるから」であり、北部九州は、富を蓄え出雲とともに淡路島までおさえながらも、ヤマトとその東を圧倒することはできなかったのだ。

ならば、ヤマト建国後、西側の脅威が消えた段階で、なぜ山背遷都が実行されなかったのだろう。

答えはとてもシンプルだと思う。南部九州から日本海の貴種を探しだし、大物主神を祀《まつ》らせ、ヤマトの祭司《さいし》王に据えたとは言え、政治的主導権を握っていたのは瀬戸内海勢力であり、日本海の発展はしばらく許されなかったのだ。つまり、日本海勢力はヤマト政権にとって仮想敵でもあった。

そこで、山背の地理を考えてみれば、興味深い事実に気づかされる。それは、京都盆地の西側に隣接する高台が丹波国《たにわのくに》であり、タニハの領域だったことなのである。つまり、淀川や京都盆地の喉元《のどもと》に、日本海勢力の刃が突き出ていたのだ。ここに、瀬戸内海政権が都を置くことは、不可能だっただろう。

そして、この地政学的な制約が見えてくると、なぜ越から現れた継体天皇が淀川水系で二十年「ぶらぶら」していたのか、その真意がつかめてくるはずだ。

継体天皇が二十年間ヤマトに入らなかった理由

越からやってきた継体天皇は、樟葉宮《くすはのみや》（大阪府枚方《ひらかた》市）、筒城宮《つつきのみや》（京都府京田辺市）、弟国宮《おとくにのみや》（京都府長岡京市）と、淀川水系と山背に拠点を構え、最後に磐余玉穂宮《いわれのたまほのみや》（奈良県桜井市）に移った。継体天皇の行動は日本海勢力の戦略そのままだ。

二十年間ヤマトに入らなかったことに関して、史学者は「旧勢力が抵抗した」と考えるが、これは逆である。日本海勢力が淀川水系に都を造れば、日本海勢力はさらに発展してしまう。旧体制側は物部《もののべ》氏を中心とする瀬戸内海勢力であって、日本海が富を蓄えることは、地政学的にも恐怖だった。越、タニハ、出雲が手を組んで北部九州をおさえてしまえば、瀬戸内海は死に体となる可能性が出てくる。ヤマト建国時の主導権争いが再燃しかねなかった。

　五世紀後半に出現した雄略天皇は、強い王を夢みて暴れ回ったが、王統の混乱を招き、ヤマトは衰退した。この隙《すき》に勢いをつけたのが日本海勢力で、朝鮮半島と交易を活発化させ、最先端の文物を取り込み、富み栄えた。このあと触れるように、当時の日本海勢力は北部九州と通じていて、瀬戸内海勢力にすれば、「もし関門海峡を封鎖され、日本海勢力が、壱岐《いき》と対馬を支配したら、ヤマト政権は立ちゆかなくなる」と判断し、越の継体を王に立てざるを得なかったのだろう。

　逆に言えば、これは日本海勢力の戦略であり、ヤマト建国直後に勃発《ぼっぱつ》した主導権争いに敗れ、捲土重来《けんどちょうらい》を期して、ようやく瀬戸内海勢力に泡を吹かせることができるようになったということだろう。

　この時代、朝鮮半島では後進地帯だった新羅《しらぎ》が、次第に力をつけていく。もちろん、新羅単独で発展したわけではなく、日本列島の日本海勢力との連携が隠されていたはずだ。新羅王の冠を無数のヒスイ（硬玉《こうぎょく》）の勾玉《まがたま》で埋め尽くしているが、これらは、越の特産品であった（新潟県糸魚川市）。

　すでに触れたように、蘇我氏は全盛期、飛鳥《あすか》周辺でヒスイの勾玉を独占的に生産

（加工）するが、彼らが越からやってきたと考えると、その理由が分かってくる。そして藤原氏は、蘇我氏を衰退させると、縄文時代から継承されてきた日本人のお宝であるヒスイを、無視し、抹殺してしまうのである。

ちなみに、蘇我氏の法興寺《ほうこうじ》の塔の心柱《しんばしら》の礎《いしずえ》から、古墳の埋納物と同じお宝が出土したが、その中にヒスイの勾玉が含まれていた。これが「最後のヒスイ」と目されているが、東大寺三月堂の不空羂索観音菩薩立像《ふくうけんじゃくかんのんぼさつりゅうぞう》の宝冠にも、ヒスイの勾玉がちりばめられている。

正妃・手《た》白香《しらか》皇女《ひめみこ》は物部系？

淀川水系に都を造れば、日本海勢力は琵琶湖と淀川を起点に、東西に自由に往《ゆ》き来《き》ができるようになる。日本海そのものも掌握しているわけだし、北部九州や新羅とも連携して、広大な交易圏が出現する。

これは、朝鮮半島の百済《くだら》にとっても脅威で、朝鮮半島は元々東西で仲が悪かったが、日本を巻き込んで、壮絶な暗闘が始まったに違いない。

もちろん、瀬戸内海勢力も黙ってはいなかった。継体天皇は即位と同時に手白香皇女を迎えいれ、正妃に立てたが、この女性こそ、旧政権の女性だった。しかも、彼女は物部氏と強い縁で結ばれていたようなのだ。

宮内庁は手白香皇女の陵墓（衾田陵《ふすまだりょう》）を西殿塚《にしとのづか》古墳（奈良県天理市萱生町《かようちょう》・中山町）に治定《じじょう》している。しかしこれは三世紀の古墳で、時代が合わない。そこで注目されているのが西山塚《にしやまづか》古墳（天理市萱生町）で、六世紀前半の全長一一四メートルの前方後円墳だ。こちらが手白香皇女の墓と考えられている。西山塚古墳の墳丘でみつかった埴《はに》輪《わ》が、今城塚《いましろづか》古墳のものと同じで、今城塚古墳と同じように、新池遺跡（大阪府高槻《たかつき》市の埴輪窯《がま》）で造られていた可能性が高いと考えられている。

そして西山塚古墳の北側一帯が、物部氏の古墳群だったところがミソである。『日本書紀』に従えば、手白香皇女は武烈天皇の姉で、仁賢《にんけん》天皇と春日大娘皇女《かすがのおおいらつめのひめみこ》の間の子だ。春日大娘皇女は雄略天皇の娘で、和珥《わに》氏系の女性でもある。ただし、この系譜の中に物部氏の姿はなく、なぜ手白香皇女が物部系の土地に葬られたのか、はっきりとしたことはわからないが、この時代の物部氏が、まだ強い影響力を維持していたことは、武烈即位前紀の記事からも明らかだろう。

武烈天皇は即位する直前、物部影媛《かげひめ》（物部麁鹿火大連《もののべのあらかひのおおむらじ》の娘）に懸想《けそう》をしたが、平群真《へぐりのま》鳥臣《とりのおみ》の子・鮪《しび》に先を越されていた。この時、平群真鳥臣はもっぱら国政をほしいままにして、日本の王に立とうとしていたと『日本書紀』は言う。太子（武烈）のためといつわって宮を造り、完成すると自分で住んだ。驕慢《きょうまん》で臣下の礼節をわきまえていなかった（と、『日本書紀』はいう）。

影媛は以前から平群鮪と通じていて、それを太子（武烈）は知り、激怒する。そして太子と画策した大伴金村連《おおとものかなむらのむらじ》が軍勢を率いて平群鮪を乃楽《なら》山《やま》（奈良市の平城宮の北側の丘陵地帯）で殺してしまったのだ。影媛は嘆き悲しんだ。大伴金村は、さらに平群真鳥を殺してしまいましょうと、太子に持ちかけた。

「天下は乱れようとしている。この世でも稀《まれ》な勇者でなければ、これを鎮めることはできないだろう」

と、太子は金村を鼓舞した。こうして、真鳥大臣は滅亡したのである。
大伴金村は、賊を平定し終えて、「政《マツリゴト》」を太子に奉還したという。平群氏を滅ぼして、ようやく武烈は即位できた。

ここに登場する平群氏は蘇我系で、『日本書紀』の「横暴な一族だった」と言う記録は、あてにならない。それよりも問題なのは、王位を争っていたふたりが、物部系の女性を奪い合っていたことなのである。物部氏の女性と結ばれれば、皇位継承に有利に働いたのだろう。それほど、物部氏の力は強かったのであり、物部系の土地に葬られた手白香皇女も、物部氏の影響下に置かれていたのだろう。藤原氏は物部氏とも敵対していたから、『日本書紀』は物部氏の実力を、正確に記録していないのである。

通説は、継体天皇が二十年間ヤマトに「入れなかった」と考える。旧政権側の抵抗が激しかったと憶測する。しかし、まったく逆だろう。継体天皇は日本海の利益を代弁する者で、日本海勢力とすれば、「淀川水系」に都を造りたかったのだ。そして、継体天皇は二十年間、計画を実行に移し続けたが、ヤマト勢力（瀬戸内海・物部政権）の横槍《よこやり》を受けて断念し、ヤマトに遷《うつ》らざるを得ない状況に追い込まれた可能性が高い。しかもここで、物部氏の後押しを受けた正妃・手白香皇女の働きかけもあったのだろう。

このような発想をいだくようになったひとつの理由は、継体政権下、北部九州で勃発する磐井《いわい》の乱（五二七）の原因が、継体天皇の変節にあったと思うからだ。磐井は「ダマされた」と憤慨したに違いないのだ。その経過をここから説明して行くのだが、そのためにもまず、継体天皇の陵墓と目される今城塚古墳について、知っておく必要がある。

今城塚古墳の特徴

継体天皇は継体二十五年（五三一）春二月に磐余玉穂宮で亡《な》くなり、冬十二月に藍《あい》野陵《ののみささぎ》に葬ったと『日本書紀』は言う。大阪府茨木市の太田《おおだ》茶臼山《ちゃうすやま》古墳が治定されているが、これは時代的に合わず、発掘調査の結果も踏まえて、今城塚古墳（大阪府高槻市）が本当の継体陵と考えられている。

今城塚古墳は、昔から、継体天皇の墓ではないかと疑われていた。淀川北岸一帯の中で最大の規模を誇っていたからだ。

二重の壕を張《は》りめぐらせ、全長が一八一メートル（考古学では二〇〇メートル以上を巨大古墳と呼んでいる）、高さは（現状で）一一メートルと、全長の規模から考えると低い。その理由は、平成九年（一九九七）から平成十八年（二〇〇六）にかけて行なわれた発掘調査で明らかにされた。十六世紀末の伏見地震（マグニチュード八相当）で、墳丘土の一部が崩落した可能性が高まった。

今城塚古墳には、いくつもの特徴がある。そのひとつは、ひとつの古墳に三つの石棺が存在したことだ。また、東西に約六五〇平方メートルの「張出《はりだし》」があって、形象《けいしょう》埴輪群がみつかっている。日本の兵馬《へいば》俑《よう》ともてはやされもした。堀で仕切られた四つの方形区画に、埴輪祭祀場が設けられていたのだ。

前方部の中央部が突出した剣菱《けんびし》形古墳のひとつではないかと疑われていて、河内《かわち》大《おお》塚山《つかやま》古墳（大阪府羽曳野市・松原市）、奈良県の見瀬《みせ》丸山古墳（橿原市）などの前方後円墳もこの形で、北陸地方にもよく似た古墳が存在し、それらは継体天皇の後裔や縁者たちの墓だった可能性が指摘され、継体天皇の勢力圏に分布している。

尾張の断夫《だんぷ》山《さん》古墳（名古屋市熱田区）も、剣菱形古墳なのだ。ちなみに、断夫山古墳は今城塚古墳と形が似ていて、規模を縮小して造られていた可能性が高く、さらに作られた時期を考えても、尾張の目子《めのこ》媛《ひめ》（継体天皇の妃）が眠っていると考えられている。

今城塚古代歴史館元館長の森田克行は、大型古墳の中で、はっきりとした埴輪祭祀場がみつかった例は他にないこと、全体の出土状況から考えて、「殯宮《もがりのみや》儀礼を映したものと見定めてきた」という（『よみがえる大王墓　今城塚古墳』新泉社）。

四つの方形空間のもっとも奥に広がるのは、王家の私的儀礼の場と思われ、喪屋《もや》、祭殿、器台、鶏の埴輪が並ぶ。手前の三つの仕切られた空間は、公的儀礼空間を表している。森田克行は、殯宮儀礼を「顕在化させて再現」したと言い、「政治的パフォーマンス、プロパガンダ」とする。継体天皇の継承者が殯宮儀礼を主催し、さらに埋葬儀礼も主催したが、この人物が、継体天皇から王位を継承することを、人びとに知らしめる目的があったとされている。ただし、この「張出部分で殯宮を再現する」という文化は継承されていない。

孤独な継体天皇？

和田晴吾は今城塚古墳について、次のように評価する。今城塚古墳出土の須恵器《すえき》が示す時期に畿内的な横穴式石室が畿内型横穴式石室として定型化して、この石室が全国に広まり、前方後円墳が減り、円墳が増えていくが、これは各地の首長が王権によって掌握されていく段階だからで、新しい国家体制がはじまる時期だったことがわかる。つまり、「今城塚古墳は、同じ古墳でも、新しい時代の到来を告げる記念碑的な古墳ということができる」（『古墳時代の王権と集団関係』吉川弘文館）と言うのである。

継体天皇自身が新しい時代を切り開いたことは否定しようがなく、その象徴的な遺物が今城塚古墳ということになりそうだが、今城塚古墳には、興味深い事実がたくさん残っている。

まず、今城塚古墳の立地をどう考えればよいのだろう。一帯は三世紀半ばから古墳時代の終わりまで続く古墳群でもあり、大小合わせて五〇〇基の古墳が存在する。最大の前方後円墳は、全長二二六メートルの太田茶臼山古墳だ。こちらは五世紀（古墳時代中期）の造営だ。またもっとも古いのは安満《あま》宮山《みややま》古墳で、五面の舶載鏡《はくさいきょう》がみつかっている（青龍《せいりゅう》三年銘鏡《めいきょう》、三角縁環状乳神獣鏡《さんかくぶちかんじょうにゅうしんじゅうきょう》など）。ちなみに、今城塚古墳は六世紀の古墳で後期型になる。

今城塚古墳のもうひとつの特徴は、六世紀前葉では国内最大の規模を誇り、大王の墓であったことは間違いないが、あたりに「従属的な古墳」がほとんどなく、しかも継体天皇の代だけで終わってしまった。

継体天皇陵は、孤独なのだ。それはなぜかと言えば、「日本海の王」が颯爽《さっそう》と登場したものの、「ヤマトの論理」に飲み込まれ、「日本海の復権」の夢を、ひとりでは叶《かな》えることができなかったからなのかもしれない。あるいは、これからお話しするように、「日本海の王」としてみなに期待されて擁立されたのに、挫折《ざせつ》し、擁立してくれた仲間を裏切ることになってしまい、人望を失ってしまったのかもしれない。

なぜそのような考えをもつに至ったか、少しずつ説明して行く。

継体天皇は北部九州とつながっていた？

今城塚古墳の南側を淀川が流れ、平野部が広がる。北側は北摂《ほくせつ》山地、東は天王山、西は千里丘陵が包み込むような形になっている。摂津には港が多い。代表的なものは、難波津《なにわのつ》、住吉津《すみのえのつ》、大伴津、武庫水門《むこのみなと》で、今城塚古墳のある三島や周辺には、海人の祀る神社が多く鎮座する。内陸部のイメージが強い今城塚古墳だが、すでに述べたように、この一帯は地政学的には、水運の要衝といっていい。だから、今城塚古墳のまわりに、海や水の匂《にお》いが漂う。

今城塚古墳を考える上で興味深いのは、継体朝を支えた汎淀川《はんよどがわ》水系に行き渡った威信財である。捩《ねじ》り環頭大刀《かんとうたち》（五世紀末から六世紀後半にかけて造られた、日本独自の大刀）、広帯二山式冠《ひろおびにざんしきかんむり》、三葉文楕円形杏葉《さんようもんだえんけいぎょうよう》、尾張系円筒埴輪《えんとうはにわ》である。

これらは継体天皇の時代に淀川水系（瀬田川、木津川、琵琶湖を含む）周辺に配られたものだ。また回転台を利用して作る尾張系（円筒）埴輪は尾張を中心に分布していた埴輪で、今城塚古墳ではみつかっていないが、やはり、六世紀前半から半ばにかけて、汎淀川水系に広まっている。

継体天皇を支えた豪族たちに、これらの威信財が水運を利用して配られたと思われる。

今城塚古墳の円筒埴輪には、最上段に船絵（船体は二本線でシンプル）を刻んでいるものが数多《あまた》みつかっている。デザインが同じで、右側を舳先《へさき》にして、二本のマスト（帆はたたんである）を備え、碇《いかり》を下ろす綱が二本垂れている。停泊中の船だ。

平安時代の歌謡・催馬楽《さいばら》「難波の海」から、山崎津《やまざきのつ》のやや下流（淀川の中流域）に筑紫津《つくしのつ》があったことが分かる。「筑紫」は北部九州のことだから、興味が尽きない。ちょうど今城塚古墳のあたりで、ここに筑紫津神社（高槻市津之江町）が鎮座する。

なぜ越出身の継体天皇のお膝元《ひざもと》に「筑紫津」があったのか。当時の越は、日本海を通じて、北部九州とつながっていたのだろうか。

古代の河内はまだ河内湖（上町台地の東側は湿地帯で湖沼だった）の名残があって、淀川は今よりも短く、筑紫津ももっと河内湖に近かった。

そして六世紀の淀川水系は、北部九州ともつながっていたようだ。

今城塚古墳の三つの石棺のうちふたつは、播磨《はりま》と河内からもたらされ、もうひとつは肥後《ひご》から有明海、東シナ海、玄界灘《げんかいなだ》、関門海峡、瀬戸内海を船で運ばれてきたものだ。筑紫津で陸揚げされたのだろう。熊本宇土《うと》産馬門石（阿蘇ピンク石。溶結凝灰岩）

で、八五〇キロの移動距離だ。石棺の型式から考えて、もっとも古いのは阿蘇ピンク石製の石棺で、継体天皇はこちらに埋葬されたと考えられている。

ちなみに、継体の故郷、北陸地方では、北部九州の石を使った石室がいくつも見つかっている。なぜか、継体天皇と北部九州のつながりは、強かったようだ。日本海ネットワークが、機能していたのではあるまいか。

奈良盆地東部と北部九州の接点

淀川水系だけではない。琵琶湖や越も、北部九州とつながっている。じつはこのネットワーク、磐井の乱を考える上でも無視できない。

中司照世は、椀貸山《わんかしやま》古墳（福井県坂井市丸岡町の前方後円墳）、山津《やまつ》照神社《てるじんじゃ》古墳（滋賀県米原市能登瀬《のとせ》）、散田金谷《さんでんかなや》古墳（石川県羽咋《はくい》郡宝達志《ほうだつし》水《みず》町）など、北陸と琵琶湖の北部に、北部九州系の石室が用いられていることを重視し、筑紫君《つくしのきみ》（磐井）も、継体天皇擁立に加わったのではないかと推理する（『継体大王とその時代』財団法人枚方市文化財研究調査会編　和泉書院）。

舟形石棺の謎《なぞ》もある。九州に多く、畿内的ではない。それが、越には伝わっている。

石をくり抜き、両端が斜めになっていて船の形に似ている。四世紀中葉から六世紀前葉にかけて、熊本、佐賀、宮崎、香川、島根、福井、群馬などで採用されている。九州と越のつながりは、五世紀、六世紀に急速に盛んになったわけではない。すでに弥生時代から、九州と越は親密だった。

たとえば九州の弥生人は、沖縄本島とその周辺で取れるゴホウラなどの貝を非常に珍重していたが、これがおそらく日本海経由で方々に広まっていた。北海道の伊達《だて》市でも発見されている。

北部九州的な銅釧《どうくしろ》（青銅の腕輪）が福井県の鯖江《さばえ》市で大量にみつかっている。東端が福井県であり、弥生時代からすでに、越と九州は交流を持っていたことがわかる。

ちなみに、弥生時代の奈良県から銅釧は出ていない。

ヤマト建国直前の越は、北部九州と出雲の四《よ》隅《すみ》突出型墳丘墓を受け入れて、手を組んでいた。

なぜ、北部九州と越のつながりに注目したかというと、まず第一に、継体天皇が求められた理由が、地政学だけではなく、北部九州と越の長いお付き合いという視点から、解き明かすことができるからだ。

ただし、北部九州と越の結び付きは、やがてヤマトのある地域にも影響を与えていったようだ。

五世紀後葉から六世紀初頭にかけて、畿内の古墳は小型化し、数も減少した。和田晴吾は、五世紀後葉に古市（大阪府羽曳野《はびきの》市）に墳長約二四二メートルの岡ミサンザイ古墳（伝仲哀《ちゅうあい》天皇陵）が造営され、六世紀前葉に墳長約一九〇メートルの今城塚古墳が造営されるまでの間、「王権は著しく不安定な状態にあった」と推理している。ただ、ここが大きな問題なのだが、この動揺するヤマト政権の時代に便乗するかのように、九州の古墳文化（たとえば横穴式石室）が、王権の意志とは別に西日本を中心に、畿内のみならず、日本海沿岸部など、各地に伝播していったことを特記している。

また、熊本県宇土市の阿蘇ピンク石製石棺が摂津の今城塚古墳だけではなく、五世紀末から六世紀前葉ごろの畿内に複数持ち込まれていた。大和に七例、河内に二例、近江《おうみ》に二例、備前《びぜん》に一例で、ヤマトの場合、奈良市から桜井市にかけて（山辺《やまのべ》の道の周辺。盆地の東部）に集まっていた。

石棺は、血縁や婚姻によって結ばれた同族的関係を保った者が同一の様式と石材を用いるが、かつて、畿内の中期の主な古墳では長持形《ながもちがた》石棺が用いられていた。ところが、この時期、阿蘇ピンク石製石棺が、流れこんできた。「中期の王権に批判的な立場の畿内やその周辺の一部の勢力が、九州有明海周辺の勢力との関係のなかで石材を求め、独自の石棺を作った可能性が高い」（和田晴吾『古墳時代の王権と集団関係』吉川弘文館）と言うのである。

さらに、文献的には継体天皇は近江、越前、尾張とつながっていたが、「それらの地域勢力は、この時期には、日本海沿岸の他の地域同様、横穴式石室にみられるように九州勢力と深い関係をもっていたと推定される」と指摘した（前掲書）。この指摘は、大きな意味をもっている。

北部九州系の石材が越のみならず奈良盆地の東部にもたらされた、というところがミソだと思う。そこは、ヤマト建国時、近江や東海から人びとが集まってきた場所だからだ。彼らこそ、継体天皇を支えた人びとであり、一方で古墳時代中期の政権を担《にな》っていたのは物部氏ら瀬戸内海勢力である。

関門海峡封鎖がヤマト政権の命取りに

なぜ継体天皇が求められたのだろう。それは、五世紀後半のヤマト政権内部の混沌《こんとん》とした政情によって、王統が混乱し、疲弊したことが第一の原因かもしれないが、もうひとつ大切なことは、「日本海勢力が越から北部九州までつながり、復活していたから」だろう。

かつて、ヤマト建国後の主導権争いで敗れた地域が、瀬戸内海政権に対抗しようとしていたのかどうかは、はっきりとしない。ただ、瀬戸内海だけが繁栄し、他地域が置き去りにされる時代は、もはや通用しなくなっていたのだろう。敗れて衰退した者たちは知恵を絞り、また、チャンスを待っていたのである。

瀬戸内海勢力にとってのアキレス腱《けん》は、関門海峡だった。ヤマトの盆地から大和川を下り、河内から瀬戸内海に出て、さらに西に進み、関門海峡を通過して北部九州沿岸地帯、壱岐、対馬を通って朝鮮半島（その中でも西南部の百済と重要な関係にあった）、中国へと航路は続き、ここを掌握することによって、富を蓄えた。

しかし、もし仮に狭い関門海峡が封鎖されれば、瀬戸内海は航行できない。琵琶湖を通じた日本海からの文物の流れ込みか、出雲やタニハから陸路播磨に続く道を利用するほかない。ただし、日本海と北部九州が手を組んだ上で関門海峡を奪われれば、手も足も出なくなる。

五世紀後半に雄略天皇が登場し、強い王を目指すも、抵抗勢力の暗躍で、政局は混乱したようだ。この隙をついて、日本海勢力はめきめきと力をつけたのだろう。しかも、新羅もほぼ同時に勃興しつつあったから、環日本海交易圏全体が、繁栄の基礎を築きつつあったのだろう。

そしてこの時代、日本海勢力が北部九州ともつながっていたことを、考古学は指摘していた。これは、瀬戸内海政権＝ヤマトにとって、脅威であり、関門海峡封鎖は、杞《き》憂《ゆう》ではなく、現実味を帯びてきたのではあるまいか。背に腹はかえられず、越の「応神天皇五世の孫」を、ヤマトに引きずり込み、新たな体制を築こうと模索したに違いない。その仲介役を買って出たのが、大伴氏であり、大伴氏は三世紀の日本海勢力の敗北以来、王家に付き従ってきた人びとだったから、越に落ち延びた貴種の末裔のために、一肌脱いだのだろう。

これが、継体天皇擁立のいきさつであり、この人物が日本海だけではなく、北部九州、そして新羅の利益を代弁する人物だったことがわかる。

このような継体天皇の立場がわかったところで、ようやく話は磐井の乱（五二七）へ進むことができる。なぜ、筑紫（北部九州）の磐井はヤマト政権に、反旗を翻《ひるがえ》したのだろう。越と北部九州はつながっていたのではなかったか。ならば、『日本書紀』の示した謀《む》反《ほん》のあらすじは、正確なのだろうか。

磐井の乱の経過

継体天皇の正体を明らかにするために、磐井の乱の真相を解き明かさねばならない。
磐井は、継体政権の何に不満を抱いたのだろう。
磐井の乱の経過を『日本書紀』の記録から追ってみよう。

継体二十一年（五二七）夏六月、近江毛野臣《けなのおみ》が継体天皇の命令を受け、六万の軍勢を率いて新羅に攻め滅ぼされた南加羅《ありひしのから》（洛東江《らくとうこう》下流域）と喙己《とくこ》呑《とん》（慶尚《けいしょう》北道慶山）を復興し、任那《みまな》（朝鮮半島最南端）に合併するために遠征に向かった。これを機に筑紫国《つくしのくにの》造《みやつこ》磐井が、密《ひそ》かに反逆を目論《もくろ》んだが、なかなか実行できず、隙を窺《うかが》っていた。新羅はこれを知り、磐井に賄賂《わいろ》を届けて毛野臣の遠征を妨害するように働きかけた。磐井は火・豊の二つの国（肥前・肥後、豊前《ぶぜん》・豊後《ぶんご》の地域）に勢力圏を広げ、朝廷の職務を行なわせなかった。海路を遮り、朝鮮半島諸国（高句麗《こうくり》・百済・新羅・任那）からやってくる朝貢船《ちょうこうせん》を誘致し、毛野軍の行く手を遮った。
そして磐井は毛野臣に対し、次のような無礼な言葉を吐いた。

「今でこそ使者としてやってきたかもしれないが、昔はわがともがらとして、肩を擦り肘《ひじ》を触れ、同じ釜《かま》の飯を喰らった仲ではないか（「共器《おなじけ》して同《とも》に食《くら》ひき」同等の立場で結び付く慣習の意）。なぜ使いとなったとたんに、従わせようとするのか。そのようなことが、どうしてできよう」

こういって、戦いは始まった。磐井の態度は、じつに驕《おご》っていた。こうして近江毛野臣は、遠征を断念せざるを得なかったのである。

継体天皇は大伴大連金村、物部大連麁鹿火、許勢大臣男人《こせのおおおみおひと》らに詔《みことのり》し、次のように語った。

「筑紫の磐井が背き、西戎《せいじゅう》の地を占有している。今、誰を将軍にすればよいだろう」

すると大伴金村が、

「正直で、仁勇《じんよう》（慈悲深い上に勇気がある）で兵事に通じているのは、物部麁鹿火の右に出る者はいません」

と、推薦した。これを受け、天皇は物部麁鹿火に征討を命じたのだった。斧鉞《ふえつ》（殺《せつ》生《しょう》の権限を持つ者の証《あかし》）をとって物部麁鹿火に授け、

「長門（山口県北東部から西側）から東側は朕《われ》（私）が支配しよう。筑紫（北部九州）から西側は、汝が統治し賞罰を専行しなさい。小さなことは、報告する必要はない」

と命じた。

継体二十二年（五二八）の冬十一月十一日、大将軍物部大連麁鹿火は「賊帥《ぞくすい》・磐井」と筑紫の御井郡《みいこおり》（福岡県久留米市中部と小郡市《おごおり》）で戦った。激戦となり、双方譲らなかった。旗や鼓が対峙《たいじ》し、塵埃《じんあい》が巻き上がった。互いに勝機を得ようと奮迅し、どちらも譲らなかった。だが、ついに磐井は斬《き》られ、境界が定められた。

十二月、筑紫君葛子《つくしのきみくずこ》は父磐井の罪に連座することを恐れ、糟屋屯倉《かすやのみやけ》（福岡県糟屋郡）を献上してきた。

これが、『日本書紀』に描かれた磐井の乱の顚末《てんまつ》である。

ちなみに、近江毛野臣は東国や海外遠征の双方で活躍した氏族だが、『古事記』孝《こう》元《げん》天皇の段には、建内宿禰（武内宿禰）の子・波多八代宿禰《はたのやしろのすくね》が淡海《おうみ》（近江）臣《のおみ》の祖とされている。これを信じれば、近江（毛野）臣は、蘇我氏と遠い縁でつながっていたことになる。

なぜ磐井は反旗を翻したのか

なぜ磐井は、ヤマト政権に反旗を翻したのだろう。これまで掲げられてきた仮説をまとめてみると、おおよそ次のようになる。

（1）ヤマト政権の度重なる朝鮮半島遠征で、北部九州の民が疲弊し、磐井が立ちあがった。

（2）ヤマト政権の外交策が破綻《はたん》し、北部九州の諸勢力は、政策の変更を迫った。

（3）ヤマト政権の統治は緩やかで、自治権が認められていたが、次第に中央集権化が進み、北部九州は反発した。

（4）ヤマト政権側は国家の統一を目指し、逆に北部九州側は独立を企《たくら》んだ。

（5）朝鮮半島側の抗争が日本を巻き込み、ロビー活動の末、代理戦争のような様相をしめした。

どれも、正解に思えてくる。この時代、ヤマト政権は北部九州を支配していたわけではなく、独立状態にあったのではないかという考えは、根強いものがある。まず、なぜ筑紫国造の磐井が、北部九州沿岸部だけではなく、内陸部に強い影響力を行使できたのかという問題が隠されている。磐井の墓が、筑後川の南側に造られているのはなぜか。

ひとつの理由に、中国の宋《そう》とのつながりが考えられる。五世紀に高句麗と百済の戦いが激化し、雄略天皇は宋に対し、朝鮮半島西部の航路が、危険な状態となったと報告している。そこでヤマト政権は、筑後川下流から有明海を経て、琉球諸島をたどって中国の南部に至る航路を使用していた可能性がある（宋が南朝だったこともあろう）。その結果、筑紫国造は有明海周辺に拠点を構えざるを得なかったのではないか。

さらに、磐井はヤマト政権と争うとしたら、高良山《こうらさん》周辺に陣を構えるほか手はないとわかっていたのだと思う。

邪馬台国論争の北部九州説でもっとも有力な候補地は山門県《やまとのあがた》（福岡県みやま市）で、筆者もここを推すが、その理由は、ヤマトを「偽僭《ぎせん》」した卑弥呼が身を守るためには、筑後川の南側の耳納山系《みのうさんけい》の西のはずれの高良山を楯《たて》にするほかないからで、事実、磐井の乱の最終決戦場は、高良山の麓《ふもと》で行なわれている。ヤマトと対峙するには、玄界灘に面した沿岸部にとどまっていては危険で、そこで磐井は、コツコツと内陸部に地盤を築いていたのかもしれない。

ただし、すでに述べたように、北部九州沿岸部は朝鮮半島や中国につながる巨大ジャンクションであり、ここに独立勢力が屹立してもらっては困るのだ。そう簡単に、抵抗できたとは思えない。

考古学という視点からも、これは裏付けられる。

三世紀初頭、ヤマトの纏向に人びとが集まってきてすぐに、もっとも古いタイプの前方後円墳・纏向型前方後円墳が出現したが、北部九州にも、この埋葬文化は移入されている。特徴があって、後円部は正確な円を描かず、前方部は低くバチのように広がり、三〇メートルから八〇メートルと小振りで、墳丘全長：後円部径：前方部長の比率が、ほぼ3：2：1になっている。ヤマトの纏向型前方後円墳と同じ設計原理によって造られていたと考えられている。

この前方後円墳が、大分県国東《くにさき》市安岐町《あきまち》、福岡県小郡市、福岡市博多区、佐賀県唐津市、福岡県糸島市、筑紫野《ちくしの》市、朝倉市（旧甘木《あまぎ》市）、熊本県宇土市、鹿児島県薩摩《さつま》川《せん》内《だい》市でみつかっている。

この分布が意味をもっている。

広い地域と手を組んだ筑後勢力

問題は、纏向型前方後円墳が、高良山や山門県といった「神功皇后が滅ぼした邪馬台国の卑弥呼の勢力圏」を避けて、囲むようにして存在することだ。この立地は、きわめて政治的だと思う。

大分県、熊本県、鹿児島県の前方後円墳も無視できない。大分県沿岸部は、ヤマト政権が北部九州に圧力をかけるために早くから働きかけていた地域であり、ここを起点にして、日田《ひた》に進出したのだろう。さらに、鹿児島県と熊本県側から、北に向けて包囲網を構築していたことがわかる。ヤマト政権の戦略は、じつに緻密《ちみつ》だった。

このあと、三世紀後半から四世紀にかけて、纏向に定型化した前方後円墳が出現する。代表例が箸墓《はしはか》（箸中山《はしなかやま》古墳）で、邪馬台国畿内論者は卑弥呼の墓ではないかと鼻息が荒いが、勇み足だ。卑弥呼の死が三世紀半ばで、ほぼ同時に箸墓が造られたというが、それは炭素14年代法の結果を自説の都合の良いように判断しているだけで、この方法には誤差がある点をまったく無視している。もっとも古く見積もれば三世紀半ばだが、四世紀の可能性もある。要は、「まだ造立《ぞうりゅう》の時期は確定されていない」のであって、畿内論者は「三世紀半ばの造営であれば卑弥呼の死と重なる」と言っているだけなのだ。

それはともかく、この定型化した畿内型の前方後円墳を真っ先に導入したのは、大分県宇佐市の赤塚古墳で、やはり周《す》防灘《おうなだ》に面したトヨ（豊。のちの豊前と豊後）の地域は、ヤマト政権が北部九州進出の拠点にしていたことがわかる。また、すぐあとに、石塚山古墳（福岡県京都《みやこ》郡苅田《かんだ》町《まち》）、原口古墳（筑紫野市）が造られている。

四世紀後半になると糸島市（旧伊都《いと》国《こく》）に一貴《いき》山《さん》銚子塚《ちょうしづか》古墳が出現する。筑前では前代未《み》聞《もん》の大きさで全長が一〇三メートルあった。副葬品も見事なものだった。五世紀初頭には、今度は旧奴《な》国《こく》の領域に老司《ろうじ》古墳が登場し、朝鮮半島から伝わった横穴式石室（竪穴《たてあな》系横口式《よこぐちしき》石室）を早い段階で採用している。このころ、一度は衰退していた旧奴国が、復権しつつあったようだ。朝鮮半島に遠征軍が送られるようになっていたから、天然の良港を備えた旧奴国が重宝されたということだろう。また、ヤマト政権は、筑前のかつての軍事同盟の復活を容認したのではないかとする説もある（甘粕健『岩波講座　日本考古学5　文化と地域性』岩波書店）。

そしてこのあと、筑前の影響力の元、筑後で変化があった。

五世紀前半に、福岡平野と筑紫平野の境、筑紫野・小郡地区の首長墓が消滅し、途切れた。このあと、八女《やめ》地方最古の石人山《せきじんさん》古墳（福岡県八女郡広川町）が造営されたのだ。筑紫君の墓と思われている。全長一〇七メートルで、玄界灘沿岸部の「竪穴系横口式石室」が継承されていた。そのため、筑前の連合体が南下した可能性が指摘されている。そしてこのあと、八女古墳群が成立する。周囲に円墳が配置されていった。筑紫君が支配していた首長たちの墓だ。そして、石人山古墳の二～三世代あとの首長の岩戸山古墳が、磐井の墓とされている。

ただし、沿岸部勢力（筑前）が南下したという単純な話ではないようなのだ。八女古墳群はさらに南側の、肥後北部（熊本県北部）から強い影響を受けていて、菊池川流域（熊本県）と手を組んでいた可能性が高い。有明海の覇権を握るために、筑後連合体が誕生していたようなのだ。そして、この時代、筑後は筑前を上まわる力を発揮した。また、筑紫君は、肥後、肥前、豊前、豊後と手を結んでいる。北部九州に、かつてないネットワークが出現していたようなのだ。

『日本書紀』は、「磐井が北部九州を掌握していた」と言うが、たしかに、考古学はその様子を証明している。ならば、筑紫君磐井は、北部九州の独立を目論み、ヤマト政権に反旗を翻したのだろうか。

東西二つの鉄剣銘の意味

磐井の素姓と朝鮮半島情勢の中に、乱の謎を解くためのヒントが隠されていると思う。

そこでまず、磐井について考えてみよう。

磐井氏の祖は第八代孝元天皇の子の大彦命《おおびこのみこと》だ。これは、阿倍氏同族だったことを意味する。

大彦命は、崇神天皇の時代、四《し》道《どう》将軍のひとりとして越に遣わされた。

『日本書紀』によれば、大彦命は、阿倍臣・膳臣《かしわでのおみ》・阿《あ》閉臣《へのおみ》・狭《さ》狭《さ》城山君《きのやまのきみ》・筑紫国造・越国造・伊《い》賀臣《がのおみ》七族の祖であったと記され、『国造本紀《こくぞうほんぎ》』によれば、第十三代成《せい》務《む》天皇の時代、大彦命五世の孫の田道命《たみちのみこと》を筑紫国造に定めたという。

ただし、筑紫国造の系譜は、これ以上はっきりとしない。

また、実在の初代王の時代に四方に将軍が使わされたという話、現実には、四方から人びとが集まってきた話を裏返したのだと思うが、要するに、大彦命は越と強く結ばれていて、その末裔の阿倍氏や筑紫国造も、元々は越の出身であろう。

そして無視できないのは、磐井が近江毛野臣に向かって発した、「昔は同じ釜の飯を食べていたのに」と言う発言である。

ここで、ふたつの離れた場所でみつかった鉄剣銘の話をしておかなければならない。

さきたま古墳群（埼玉県行田市）の稲荷山《いなりやま》古墳出土の鉄剣にX線を当てたところ、一一五の漢字からなる金象嵌《きんぞうがん》の銘文が読み取れた。その結果、辛亥《しんがい》年七月に、「乎《を》獲《わ》居臣《けのおみ》」の始祖「意富比垝《おおひこ》」から続く系譜が語られ、先祖代々杖刀人《じょうとうじん》（親衛隊長）として、王（天皇）に仕えてきたこと、「獲加多支鹵《わかたける》（雄略天皇か？）」が斯《し》鬼宮《きのみや》で天下を治めていたとき、乎獲居臣が、天下を左治《さじ》（王の統治を助けた）していた、と言うのだ。

この鉄剣銘の解読によって、五世紀に関東の有力豪族がヤマトに出仕していた可能性が高くなった。

そしてもうひとつ、九州でも貴重な発見があった。稲荷山鉄剣銘とほぼ同時代と目される江《え》田《た》船山《ふなやま》古墳（熊本県玉名郡和水《なごみ》町《まち》）の鉄剣に、やはり銘文が刻まれていた。そこには、次の話が刻まれていた。

「獲加多支鹵（ワカタケル）大王の時代に奉事した典曹人《てんそうじん》（役所の文書を司《つかさど》る人）无利《むり》弖《て》が、長寿と子孫繁栄、統治の安泰を願って刀を造らせた」

この土地の有力者・无利弖が都に出向き、ワカタケル大王に奉事していたというのだ。稲荷山古墳は武官《ぶかん》、江田船山古墳は文官として、中央に仕えていたことになる。

磐井は継体天皇の変節をなじったのか

五世紀の関東と九州の鉄剣の銘文から、ヤマトに出仕していた地方豪族が存在していたことが分かった。そして、磐井が近江毛野臣に向かって、「昔は同じ釜の飯を食べた間柄ではないか」と語りかけていたこと、磐井もある時期、中央に出仕していた可能性が出てくる。

そして、磐井が阿倍氏と先祖が同じだったこと、この時代、北部九州と越が考古学的にもつながっていたことが、大きな意味をもってくると思う。また、日本海と北部九州は、ヤマト建国の段階で敗北したのであり、継体天皇擁立に関して、同じ思いで応援していたのではなかったか。

筑紫君磐井は、もともと越とは強い縁で結ばれていたのだろう。そして、継体天皇の即位の直前、越は北部九州の筑紫勢力に対し、瀬戸内海勢力を中心とするヤマト政権を圧迫するために、北部九州を束ねるよう指示を出したのではあるまいか。瀬戸内海政権の権威は、日一日と低下していたであろう。弥生時代後期に繁栄を誇った北部九州は再生を目論み、日本海と手を組み、北部九州にネットワークを構築し、北部九州、越、新羅をつなぐ新たな交易圏を構築しようと野望を抱いたのではなかったか。そして、これに驚いた瀬戸内海政権が、あわてて、越の男大迹王《おおどのおおきみ》を王に立てることで、妥協案を提示し、継体天皇が即位したのだろう。継体天皇は、こうして北部九州から越をつなぐ日本海勢力の王として、畿内に乗り込んだ。もちろん、親新羅政権が、ここに誕生したが、いつの間にか、継体は旧勢力（瀬戸内海政権）に取り込まれてしまったのだろう。結果継体政権は新羅遠征を計画せざるを得なくなった……。

つまり、磐井が近江毛野の新羅征討を阻止しようと立ちあがったのは、継体天皇の変節に対する抗議の意味が込められていたとみなすべきだ。

これを、朝鮮半島との関係から、改めて考えてみよう。

継体天皇の時代の朝鮮半島南部では、伽耶《かや》をめぐって壮絶な外交戦が展開されていた。北方の騎馬民族・高句麗の南下圧力によって、新羅も百済も、伽耶に領土的野心を抱いていた。伽耶が頼りにしたのはヤマト政権だったが、豪族たちが思い思いに外交戦を展開していて、なかなか統一された意志が示されなかったのだ。こののち欽明《きんめい》二十三年（五六二）に伽耶は新羅に奪われ、滅亡してしまうのだが、その間、ヤマト政権の外交は一貫性がなく、伽耶は深くヤマト政権を恨んだようだ。「任那日本府」

は伽耶に置かれたヤマト政権の出先機関だったが、ここがなぜか、ヤマト政権の命令を無視するようになっていく。ヤマト政権は百済と手を組み、任那日本府に命令を出すが、ことごとく裏切られたのだ。

父の命令を覆《くつがえ》そうとした大兄皇子《おおえのみこ》

すでに述べたように、継体天皇は新羅を含めた日本海全体の利益を代弁して即位した。そして、親新羅派の継体天皇は、旧政権の外交方針（親百済）と対抗するも、次第に懐柔され、取り込まれてしまった可能性が高い。

手白香皇女に物部氏の息がかかっていた話はすでにしてある。継体天皇は、淀川水系で踏ん張っていたが、じわりじわりと、物部氏（瀬戸内海政権）に追い詰められていったのではあるまいか。そうでなければ新羅に大軍を送ることに、同意するはずはなかった。磐井が乱を起こしたのは、継体が環日本海交易圏全体で描いた計画を、破棄してしまったからだろう。

はじめ、継体天皇は百済に対して強く出ていた。継体三年（五〇九）春二月、百済に使者を遣わし、任那（伽耶）の日本の県邑《あがたのむら》に住む百済の民の、逃亡して戸籍から削除されて三〜四世を経た人を探し出し、百済に帰して、戸籍に入れたとある。

どういうことかというと、五世紀後半、一度百済は滅亡していて、混乱や飢餓で相当数の難民が伽耶地域に流れこんで滞在していた。そこで継体天皇は、違法難民を摘発し、強制的に帰国させたわけだ。

ところが、継体六年（五一二）になると、態度が一変する。百済が任那四県の割譲を求めて来て、継体天皇は、あっさりと認めてしまった。伽耶諸国はあわてたが、あとの祭りだ。百済と新羅が、ここから伽耶の奪いあいを始めてしまう。現代風に言い直すと、継体天皇は「誤ったシグナルを送ってしまった」のである。

この時、ヤマト政権中枢部《ちゅうすうぶ》の意見は分かれていた。穂積臣押山《ほづみのおみおしやま》（物部系）や大伴金村は百済の要求を呑《の》むことに賛同した。ところが大兄皇子（のちの安閑《あんかん》天皇。継体天皇と尾張の目子媛の間の子）は、勅の内容を知って驚き、悔い、

「応神天皇の時代から官家を置いてきた国を、そう簡単に蕃国《ばんこく》（百済）が請《こ》うままに渡してしまって良いのか」と述べ、命令の撤回を告げさせたが、父・継体天皇がすでに許可していたから、これは通らなかった。

こののちも、ヤマト政権の外交はちぐはぐなのだが、継体天皇が親新羅派だったにもかかわらず、百済の要求に大きく（必要以上に？）譲歩しているところが、大問題

なのだ。尾張系の息子が、驚きあわてたのも無理はない。

継体天皇は、旧政権に取り込まれてしまったのだろう。磐井は、「話が違う」と、継体天皇の変節に反発したにちがいない。けれども、最終的に物部氏が磐井征伐に向かっていたことは、じつに象徴的だ。しかも継体天皇から「北部九州は物部氏の好きにしてよい」と言質《げんち》を引き出すことに成功している。明らかな物部氏の勝利である。

尾張系王家の断絶と蘇我氏の活躍

継体天皇は二十年間淀川水系にこだわったが、旧政権（瀬戸内海勢力）に取り込まれ、すでに外交に関しては、主導権を奪われてしまっていたのだ。正妃の手白香皇女が物部氏と強く結ばれていたことが、ここに来て大きな足かせになってきたのかもしれない。

このあと尾張系の二人の皇子、安閑・宣化《せんか》が即位していくが、最後に手白香皇女の息子の欽明天皇が出現し、尾張系の男系の王統が途切れてしまった。日本海と東海勢力の野望は、ここに断ち切られたのである。

しかし、ここから、歴史は複雑に推移していく。蘇我氏と阿倍氏が、ここで踏ん張っていくからだ。すでに推理したように、彼らは越から継体天皇とともにやってきた人びとだろう。

欽明即位以降の蘇我氏の活躍が、継体天皇の正体を知る上で貴重な材料になるので、ここで蘇我氏について、話を付け足しておく。

継体天皇が物部氏と強くつながった手白香皇女を正妃に立てる時、いくつか条件を提示していたかもしれない。それは、もし手白香皇女に男子が生まれたら、蘇我氏の女性を娶《めと》ることだ。

かつて一般的には、欽明天皇を推していたのは蘇我氏で、継体天皇を推していたのは大伴氏や物部氏と信じられていたが、これは大きな誤解で、「政敵だったからこそ政略結婚をした」可能性がある。七世紀後半の大海人皇子《おおあまのみこ》に、兄の天智《てんじ》天皇や中臣鎌足が娘を複数嫁がせていたのは、まさに「恐ろしい敵と婚姻関係を結んで、衝突を避ける」智恵《ちえ》であった。もちろん、妥協の産物であり、この尾張系王家の仕掛けた「保険」が、のちにボディブローのように、物部氏には効いてきたように思えてならない。

欽明天皇亡きあと、蘇我系（母が蘇我氏）の天皇が次々と出現し、外戚《がいせき》の立場を利用して、蘇我氏が強い力をもっていく。そして蘇我氏は、継体天皇が目指した改革事業を展開していく。

また、六世紀末に中国に統一王朝（隋）が成立し、朝鮮半島情勢も変化したことが、蘇我氏にとって追い風になった。

中国に統一王朝が出現するたびに政策を変えるのは、高句麗だ。朝鮮半島南部に対して強攻策をとらず、もっぱら西側に出現した統一王朝を警戒し出す。朝鮮半島内部のパワーバランスは変化し、それぞれの国が隋や唐に使者を送る一方、高句麗と新羅と百済は、日本をも味方に引き込もうと模索した。

そんな中、ヤマト政権も隋に使者を送った。そして隋や唐で整備された律令《りつりょう》制度を、蘇我政権は模倣していくのだ。

また蘇我氏は、朝廷内で主導権を握ると、それまで物部氏が押し進めてきた百済一辺倒外交を見直し、全方位外交に舵《かじ》を切ったのである。

ヤマトには三つの王家があった？

ここで、再確認しておきたいのは、継体天皇を後押ししていた蘇我氏と尾張氏が、どちらもヤマト建国の立役者だったこと、また旧政権の中心に立っていた物部氏も、神武天皇に王位を譲った功労者だった。つまり、継体天皇の登場は、「ヤマト建国の焼き直し」でもあったわけで、このあたりの事情を、説明しておかなければならない。

まず、注目すべきは、継体天皇即位後の蘇我氏と尾張氏の関係だ。両者は強く結ばれていたようなのだ。

『日本書紀』宣化元年（五三六）夏五月一日条に、おおよそ次の内容の記事が載る。宣化天皇の詔だ。

食は天下の本である。黄金がいくらあっても飢えを満たすことはできない。白玉が千箱あっても寒さから救うことはできない。そもそも筑紫国は、遠近の国々がやってくる場所で、天候の様子をみながら、貢物《みつぎもの》を献上した。胎中之帝《ほむたのすめらみこと》（応神天皇）よりわが世まで、収穫した穀物を収蔵し、食料を貯《たくわ》えてきた。それを凶年の備えとし、賓《ひん》客《かく》を饗応《きょうおう》する糧《かて》としてきた。国を安定させるためだ。そこで、阿蘇仍君《あそのきみ》（未詳。神武天皇の子・神八《かむや》井《い》耳命《みみのみこと》の末裔）を遣わし、河内国の茨田郡《まむたのこおり》の屯倉の穀を加えて選ばせよう。蘇我大臣稲目《いなめ》宿禰は尾張連《おわりのむらじ》を遣わし、尾張国の屯倉の穀を、物部大連麁鹿火は、新家連《にぃのみのむらじ》を遣わし、新家屯倉の穀を、阿倍臣は伊賀臣を遣わして、伊賀国の屯倉の穀を運ばせるように。

ここで注目すべきは、みな同族を使役していることで、天皇家は神武天皇の末裔を、その他の豪族たちも、血縁者を差し出すように命じられているが、蘇我氏に限って、親族ではない尾張氏を使役するように命じられている。宣化天皇は、蘇我氏と尾張氏が密接な関係にあると思っていたのだろう。

なぜこのような些細《ささい》なことに注目したかというと、ヤマト建国時に「三つの王家」が存在していて、蘇我氏も尾張氏も、その構成員だったと考えているからだ。さらにいうならば、継体天皇の出現にも「三つの王家」が大いにからんでいたと考えている。

まず、考古学は三世紀初頭に、奈良盆地の東南側に、近江と東海勢力がなだれ込み、ややあって、吉備《きび》と出雲などが乗り込んできたことを明らかにしている。

これに対し『日本書紀』の記録したヤマト建国は、次のようになる。物部氏の祖のニギハヤヒが天磐船《あまのいわふね》に乗って舞い下り、この時ヤマトにはすでにナガスネビコがいて、ナガスネビコの妹をニギハヤヒが娶ることで、ヤマトに君臨することができたといっている。この場合、一番最初にヤマトにいたのはナガスネビコで、ヤマトの本当の最初の王になる。そこにニギハヤヒがやってきて、ナガスネビコの妹を娶り、婿《むこ》入りするような形で、ヤマトの王家を継承した。そして最後に、南部九州から神武天皇がやってきて、ニギハヤヒは王位を譲ったのだった。

『日本書紀』は、ヤマトの黎明期《れいめいき》に三つの別々の王家が存在したことを認めている。そこで、それぞれの王家がどの地域からやってきた人びとなのか、考古学の指摘を重ねてみる。

ナガスネビコはヤマトにもっとも早くやってきたのだから東海勢力（尾張氏）であり、ニギハヤヒは東海の動きに突き動かされてヤマトを目指した吉備（瀬戸内海勢力）がふさわしい。ニギハヤヒは物部氏の祖だが、実在の初代王と目される第十代崇神天皇の母と祖母は物部系で、要は崇神天皇は物部系だろう。つまり、実在の初代王と目される崇神天皇とニギハヤヒは同一人物になる。そして最後にやってきた神武天皇は、南部九州からやってきたが、彼の背中を押していたのは日本海勢力であり、タニハの貴種の末裔が神武であろう（拙著『神武天皇vs.卑弥呼』新潮新書）。東海、吉備、タニハのそれぞれの王が、ヤマトに集結したわけである。

ところで、『日本書紀』は神武天皇が即位してからあと、男系の王家が綿々と続いたと記録するが、実際には「三つの王家」はそれぞれが、王に立つ資格を有していたのではあるまいか。なぜなら、王家のレガリアが三つ（三種の神器）というのも、もともとの原理は、三つの王家が合意することで、三つの王家の誰かが王位に立てるという密約があったからではないかと疑っている。大和三山が尊ばれ、天智天皇が三つの山を男女関係になぞらえて歌っているのも、三つの王家と関わりがあるはずだ。

史学者や考古学者は、ヤマト建国後しばらくの間、ヤマトの王家はいくつかのグループが交替で受け持っていたのではないかと推理している。

これは藤間生大が最初に唱えた発想で、『宋書《そうじょ》』倭《わ》国伝《こくでん》に示された倭の五王「仁徳（あるいは履中《りちゅう》か応神）、反正《はんぜい》（あるいは仁徳）、允恭《いんぎょう》、安康《あんこう》、雄略」は、縦に血脈を保っていないことに着目したのだ（『倭の五王』岩波新書）。

讃《さん》・珍《ちん》・済《せい》・興《こう》・武《ぶ》の讃と珍は兄弟だが、珍と済の間に断絶がある。済の子が興と武だ。ここに、異なる王家が出現したというわけだ。この仮説は、多くの学者に継承されていった。

古墳群も、時代ごとに移動していて、奈良盆地の中だけではなく、河内に巨大古墳が造営される時代もあった。これらの古墳群の移動と盛衰は、王家の入れ替わりではないかと疑われたのだ。

三つの王家の結び付き

ヤマト建国を成し遂げた三つの地域は、「東海＋近江」、「タニハ＋出雲（日本海）」、

「吉備（瀬戸内海）」であった。弥生時代後期、貧しかった「東海＋近江」の成長を促し、ヤマト（纒向）に進出するように仕向けたのは「タニハ」だ。その上で彼らは一気に北部九州におし寄せた。一方「吉備」は、河内に拠点を構えたまま動かなかった。ここで北部九州の日本海勢力は一気に衰退する。ヒョウタンから駒《こま》の形で神功皇后（トヨ）が九州で邪馬台国の女王に立ってしまったことで、「吉備」に足元をすくわれた。

ここで、「吉備」と「東海」は、濃密な婚姻関係を結んだようで、物部系の『先代《せんだい》旧《く》事《じ》本紀《ほんぎ》』は、尾張氏の祖を物部氏の祖と同族として記録している。ニギハヤヒがナガスネビコの妹と結ばれ、婿入りしたことなら、『日本書紀』も認めている。『先代旧事本紀』は物部氏の歴史書でありながら、尾張氏のその後の活躍を、詳しく記録している。

こうして、「吉備」と「東海」が勝ち残ったかと思いきや、さらにどんでん返しが起きていた。疫病の蔓延《まんえん》を祟《たた》りと思い、「吉備」は日本海勢力の祟る神を祀《まつ》ることができる日《ひ》向《むか》の御《み》子《こ》を、ヤマトに呼び寄せた。この御子が、「元々はタニハから北部九州を経由して南部九州に逃れてヤマトを呪《のろ》った人々の末裔の神武」であり、「吉備のニギハヤヒ」は、神武を拒絶した「東海のナガスネビコ」を殺して、「タニハの神武」

を祭司王に立てたのだ。

つまり、ここで、三つの王家の浮き沈みが起きていたのだが、その後のヤマト政権内でさまざまな権力闘争が勃発し、王権争いは流動化した可能性がある。

ただ、ヤマトの王はもともと祭司王だから、権力者が王に立つことのメリットはほとんどなかった。本当に皇位継承をめぐって血なまぐさい争いが始まったのは、四世紀末に朝鮮半島で高句麗が南下政策を始めてからだろう。ヤマト政権が遠征軍を派遣しているうちに、「統一された素早い判断」が求められ、五世紀後半にクーデターによって強い王を目指した雄略天皇が出現したあとのことだと思う。

ただしその結果、ヤマトは混乱し、日本海が息を吹き返し、継体天皇が求められた。また、継体天皇は応神天皇の五世の孫と『日本書紀』は言うが、要は「タニハの王家の末裔」なのだろう。

また、タニハの王家の継体天皇は東海の王家・尾張氏と手をつなぎ、畿内に乗り込んだわけで、二つの王家が合体し、それを瀬戸内海の政権（物部氏）が迎え入れたことになる。

物部系ヤマト政権が継体天皇に求めたのは、手白香皇女を正妃に立てることであった。『日本書紀』に書かれていないが、手白香皇女は何らかの形で物部氏と強く結ばれていた女性だったから、ここでタニハの王（継体）と瀬戸内海の政権は、婚姻によって結ばれた形となる。

親百済を貫こうとする瀬戸内海勢力が、何を仕掛けて継体天皇と新羅を引き離したのか、その詳細はわからない。しかし、現実に継体天皇は百済の要求を呑み、任那四県を割譲してしまった。その後、新羅に大軍を送ろうともした。だから筑紫の磐井は怒ったのだろう。

ならばこのまま、東海が推すタニハの王家（継体）は、没落していったのだろうか。

タニハの王家の建て直しを図ったのが、蘇我氏ではなかったか。

物部氏は蘇我氏と手を組んでいた

欽明天皇に嫁いだ蘇我系の複数の女性から生まれた皇子や皇女たちが、次々と即位していった（用明、崇峻《すしゅん》、推古《すいこ》）。こうして力をつけた蘇我氏は、積極的に制度改革に取り組みだした。旧態依然とした統治システムを放置しておけば、流動化する東アジアの中で、孤立し、弱体化するおそれがあったからだ。

ここでピンチに立たされたのが、物部氏ではなかったか。

ヤマト建国の立役者であり勝者であった物部氏は、日本各地に広大な土地を保有し、多くの民を支配していた。蘇我氏は中央集権国家造りには、「豪族層の私有地と私有民を切りくずす必要がある」と考えただろうし、隋や唐で考え出された律令制度を導入し、中央集権国家を建設するには、土地と民の奪取は、必要なことだった。国家が一度全国の農地を掌握し、公平に分配して貸し出し、そこから税を取り立てるのだ。

律令整備最大の問題は、豪族たちからいかに土地と民を奪うかであり、既得権益を引き剝《は》がす必要があった。当然、反動勢力は抵抗しただろう。ところが『日本書紀』は、この律令整備上の最大の問題、肝心な場面をまったく説明していない。土地を取り上げられることに不満を漏らした豪族が存在したはずなのに、何も語らない。ただ、蘇我氏が反動勢力で、専横をくり広げていたと言い、王家を蔑《ないがし》ろにしたというだけだ。

そして、皇極《こうぎょく》四年（六四五）に蘇我《そが》本宗家《ほんそうけ》（蘇我蝦夷《そがのえみし》と入鹿《いるか》）を滅ぼし、翌年には大化改新（六四六）を断行したといっている。つまり、蘇我氏が邪魔をしていたこと、蘇我氏が滅んで一瞬にして改革事業は進展したと言っている。しかし、現実に律令が整ったのは八世紀初頭であり、この時改革事業ははじまっていたが、一気に整ったわけではない。それを強引に「整った」と『日本書紀』がいうのは、蘇我氏が改革の邪魔になっていたことを印象付ける目的があったからだ。

さらに、蘇我氏と物部氏の関係を、『日本書紀』は「犬猿の仲」と記録したが、これも間違いだ。

物部氏と蘇我氏の対立は、仏教導入をめぐる争いだったと『日本書紀』は言う。用明二年（五八七）七月、物部守屋《もののべのもりや》は蘇我馬子《うまこ》率いる軍勢に攻められ、滅ぼされた。『日本書紀』はこれを、仏教導入をめぐる争いと説明するが、実際には、物部氏が改革に抵抗したのだろう。

ただし、物部氏すべてが反動勢力だったわけではないし、むしろ物部氏の多くは、ある時期を境に、蘇我氏と共に改革を押し進めていた可能性が高い。

そう思う根拠は、ふたつある。物部系の『先代旧事本紀』に、物部守屋が「傍流だった」と記されていること、物部守屋が滅ぼされた事件をまったく記録せず、また蘇我氏を糾弾していない。

そしてもうひとつは、蘇我系の『元興寺《がんごうじ》伽藍縁起并流記《がらんえんぎならびにるき》資財帳《しざいちょう》』の中に、「大々王」なる謎の女傑が登場し、物部氏らに向かって「わが眷属《けんぞく》（一族）よ」と呼びかけ、「二度と仏法を迫害しないように」と呼びかけ、物部氏らがうなずいたと記されている。『先代旧事本紀』には、蘇我馬子に嫁いだ物部鎌姫大刀自連公《もののべのかまひめのおおとじのむらじきみ》なる人物が「参政」

になったと記録されていて、はっきりしたことはわからないが、政治力を発揮したようなのだ。『元興寺伽藍縁起幷流記資財帳』と『先代旧事本紀』のふたりの物部系の女傑が同一人物だったこと、彼女の活躍で、物部氏が蘇我氏と手を組むようになったことは、他の拙著の中でくり返し説明してきた（『物部氏の正体』新潮文庫）。『日本書紀』が律令整備最大の難関だった「物部氏から土地を奪う作業」を、まったく記録しなかったのは、物部氏が蘇我氏の改革に賛同し、ヤマト政権の未来のためにと、土地と民を手放したからではなかったか。

そう考えると、物部氏こそ、改革事業の最大の功労者だったことがわかる。だからこそ、律令制度が整った八世紀初頭、石上《いそのかみ》（物部）麻呂《まろ》は左大臣（朝堂のトップ）に出世したのだろう。

継体天皇は、日本海勢力復活の立役者だったが、瀬戸内海勢力に取り込まれてしまった。だから筑紫君磐井は「話が違う」と、反乱を起こした。ただその後、日本海系の王族の末裔・蘇我氏が実力をつけ、改革を推進し、瀬戸内海勢力の雄・物部氏と和解し、改革を押し進めたのだろう。これが台無しになったのは、「自家の繁栄だけを追い求めた藤原氏」が登場したからだ。そして藤原氏は、改革派だった蘇我氏を大悪人にすり替え、その事実を抹殺するために『日本書紀』を編纂《へんさん》し、一度ついたウソがウソを呼び、結局ヤマト建国や応神天皇、継体天皇の正体まで抹殺しなければならなくなってしまったわけである。

第四章　継体天皇の正体

『上宮記《じょうぐうき》』の謎《なぞ》

ここで再び、『上宮記』に注目してみたい。『日本書紀』は応神から継体に至る系譜の大部分を省略してしまった。しかし唯一《ゆいいつ》『上宮記』が、応神から継体につながる系譜を残しておいてくれたのだ。

ただし、『上宮記』という書物が丸ごと残っているわけではない。逸文の形で一部が書き写されている。逸文とは「散逸してしまったが、部分部分が他の文書に引用されていたこと」を指す。

一般的に、『上宮記』は七世紀の推古朝のころ完成したと考えられている。『古事記』や『日本書紀』よりも古い文書だという。鎌倉後期まで存在したが、その後失われた。わずかに、『釈日本紀《しゃくにほんぎ》』と『聖徳太子平氏《へいし》伝雑勘文《でんざつかんぶん》』（『聖徳太子伝暦《でんりゃく》』の注釈書）に記事が引用されているだけだ。

大部分の文章が失われたため、どのような内容だったのか、ほとんどわからない。また、『釈日本紀』の記事には、「一云《あるにいわく》」と、その『上宮記』の系譜が「別伝」だったことが記されている。そのため、応神天皇から継体天皇に至る系譜は『上宮記』の本文が掲げたものとは違っていたことがわかる。

そもそも『上宮記』とは、どのような文書なのだろう。聖徳太子の伝記なのか、上宮王家にまつわる話なのか、定かではない。太子と子の山背大兄王《やましろのおおえのみこ》を「大王」と呼んで天皇あつかいしているのはなぜだろう。ちなみに、「上宮」は、聖徳太子が幼少期から青年期に過ごした宮を指す。

継体天皇の祖を凡牟都和希王《ほむつわけのみこ》と記すのも、謎のひとつなのだ。凡牟都和希王の五世の孫が継体天皇だったと『上宮記』はいい、この凡牟都和希王は、『日本書紀』の応神天皇（誉田別尊《ほむたわけのみこと》）と同一と考えられている。しかし凡牟都和希王は「ホムツワケ」であって「ホムタワケ」と読むのはおかしい、とする説もある。しかも、『日本書紀』には、「ホムタ（ダ）ワケ（応神）」ではない「ホムツ（チ）ワケ」が、実在する。それが、垂仁天皇の子の誉津別命《ほむつわけのみこ》である。

奇妙なことに、『日本書紀』のホムタワケとホムツワケは明らかな別人なのだが（第十一代垂仁天皇の子がホムツワケで、第十四代仲哀《ちゅうあい》天皇の子がホムタワケ）、なぜか接点がある。話が似ている部分がある。

すでに触れたように、応神は皇太子時代に角鹿《つぬが》に赴き、気比大神《けひのおおかみ》と名を交換している。おそらく気比大神は、アメノヒボコなのだが、ホムツワケも、日本海の神を祀《まつ》っている。『日本書紀』の垂仁天皇の二十三年の条だ。

垂仁天皇には、ひとつだけ悩みがあった。それは、子の誉津別命だ。三十歳になってヒゲが伸びるほど（八掬髭鬚《やつかひげ》）であるのに、子供のように泣き続けて、言葉も発せられなかった。

ところが、一羽の鵠《くぐい》（白鳥）が飛んでゆく様を仰ぎ見た御子《みこ》は、「是《これ》何物ぞ（あれは何か）」と言葉を発した。喜ばれた天皇は、例の白鳥を捕らえるように命じた。すると鵠は出雲で捕らえられ献上された。あるいは、捕らえられたのは但馬《たじま》（兵庫県豊岡市周辺）だったという。

『古事記』にも、よく似た話が載る。

鵠をみたホムツワケが言葉を発したため、捕まえて献上するように命じ、使者は木国（紀伊国《きのくに》）から播磨《はりま》国に至り、因幡《いなば》国を越えて旦波《たには》国（丹波《たんば》）と多遅摩《たじま》国（但馬）に至り、今度は東に向かい、近淡海《ちかつおうみ》国（近江《おうみ》）、三野国（美濃《みの》）、尾張国、科野《しなの》国（信濃《しなの》）、高志《こし》国（越《こし》）、和那美《わなみ》の水門《みなと》（不明）で捕まえた。しかし、ホムツワケは言葉を発しなかった。すると天皇の夢に神が現れ「私の宮を天皇の宮殿と同じように建てたなら、御子は必ずものを言うようになるだろう」と言う。そしてその祟《たた》りは、出雲大神《いずものおおかみ》の御《み》心《こころ》だった。

この伝承はいったい何を意味するのだろう。なぜふたりとも、日本海の神にかかわっていたのだろう。

ホムツワケの母・狭穂姫《さほびめ》と日本海

垂仁天皇の皇子《みこ》ホムツワケの物語でもうひとつ注目しておきたいのは、母親のことだ。狭穂姫といい、兄の狭穂彦の謀反《むほん》に連座し、兄の館《やかた》で焼け死んだ。ホムツワケは、その火の中から救い出されたのだ。狭穂彦と狭穂姫は、春日の佐保《さほ》（奈良市北部）の地名に由来する。彼女がなぜか、日本海と結ばれている。

問題は、狭穂姫が亡《な》くなる直前、天皇に遺言を残し、「丹波国の五人の女性を娶《めと》ってほしい」と懇願し、のちに天皇はそれを実行している。なぜ、狭穂姫は丹波（タニハ）の女性を強く推したのだろう。

『日本書紀』は明記しなかったが、『古事記』によれば、狭穂彦と狭穂姫は日子坐王《ひこいますのみこ》の子だったという。日子坐王はタニハと強く結ばれていたし、「サホ」の地は和珥《わに》系の春日氏の拠点で、ヤマト黎明期《れいめいき》の垂仁天皇（纏向《まきむく》に宮を建てた天皇）に嫁いだ狭穂姫は、近江やタニハの利益を代弁していた可能性が高い。

そして、近江やタニハ、あるいはホムツワケの物語に登場する「祟る出雲大神」は、ヤマトの黎明期に敗れた日本海勢力であり、狭穂彦と狭穂姫の謀反とは、要は瀬戸内海勢力と日本海勢力の連携と離反を、象徴的に表していたのではなかったか。

ホムタワケ（応神）は日本海側の角鹿の笥《け》飯大神《ひのおおかみ》を敬い、名を交換した。かたやホムツワケは、出雲大神の祟りにかかわっていた。ふたりとも、日本海の神にかかわっていたが、これは、偶然なのだろうか。

吉井巌は、ホムツワケは出雲の神から生命力と言葉を得て、ホムタワケは気比大神から名や魚を得ていて、「物語の根本には大きな共通点がある」と言い、さらに、ホムツワケが珍しい存在だと指摘している。正妃の子で、特別な物語を用意されたにもかかわらず、後裔《こうえい》系譜を欠いてしまった存在だからだ。

したがってホムツワケは、古い王権の系譜の始祖的な大王であり、始祖的な人から分化し、垂仁天皇の皇子として登場したのだろうこと、『日本書紀』や『古事記』の中で、やはり始祖的な描かれかたをする応神天皇（ホムタワケ）と同じ性質をもつ皇子だったと指摘したのである（『天皇の系譜と神話』塙書房）。

吉田修作は『古事記』の説話の中で、ホムチ（ツ）ワケとホムダ（タ）ワケのどちらも、固有名詞ではなく、「御子」「太子」と普通名詞で表記されていることに着目している。『古事記』の中で、他の皇子にはない特殊な例なのだ。

不遇に終わった「御子」の総体を、垂仁記はホムチワケの事跡として記述したと言えるのではないか（『日本文学　65巻　3号』日本文学協会）。

というのだ。その上で吉田修作は、垂仁の子のホムチ（ツ）ワケとホムダ（タ）ワケの違いに言及している。ホムチワケは出雲大神を祀る役割を担って即位することができなかった「御子」だが、ホムダワケはアマテラスとかかわりをもち、そのことで、天皇即位を保障されたという。そして、出雲大神の排除、アマテラス中心秩序への転換は、国譲りに続く天孫降臨神話に対応していると言う。また、ホムチワケとホムダワケの名がなぜ似ているかというと「ホムチワケは排除されることによってホムダワケの誕生を保障した」と推理したのである。なるほど、いかにもありそうな話だ。ホムチワケとホムツワケは、ヤマトの黎明期に活躍した「日本海の始祖的存在」と思えてくる。

『上宮記』とは何か

ここで改めて、『上宮記』について考えてみたい。

関根淳は、推古天皇の時代に蘇我氏が中心となって帝紀として天皇記を作成したが、推古天皇の死後、上宮王家は勢いを失い、政治勢力を挽回《ばんかい》するその一環として、「蘇我氏作成の天皇記に対抗して自己の正統性と権威を主張する「聖徳太子」系の史書（『上宮記』）の編纂《へんさん》に着手した」と推理した（『六国史《りっこくし》以前』吉川弘文館）。

また、乙巳《いっし》の変（六四五）の段階で、蘇我系の天皇記は、「物質的にもイデオロギー的にも焼却された」と言うが、「聖徳太子」や「蘇我氏」に対する昔ながらの発想をホムツワケやホムタワケに当てはめても、正しい答えは得られないと思う。

多くの学者が『上宮記』は『日本書紀』よりも古いと考える中、大山誠一は新たな発想で『上宮記』をみつめ直している。その成立は新しいと言う。

『釈日本紀』「開題」が、『上宮記』を『日本書紀』考読時に備えるべき書と記録していること、『上宮記』の初見は『日本書紀私記』の丁本《ちょうほん》で、奈良時代から平安時代中期に朝廷で行われた『日本書紀』講筵《こうえん》の際の博士たちの覚え書きで、承平《じょうへい》のころ、九世紀前半の講筵のメモであり、『上宮記』は「おそらくは平安初期までに成立したものと思われる」と、指摘した（『聖徳太子の真実』平凡社）。このあと考えるように、その可能性は高いと思う。

ならば、『上宮記』をどう考えればよいだろう。筆者の考えた結論を、まず述べておく。

くり返すが、『上宮記』は継体天皇の祖を「ホムツワケ（凡牟都和希王）」と記し、『日本書紀』や『古事記』は、垂仁天皇の子がホムツ（チ）ワケだったと言っている。『日本書紀』は継体天皇の祖は応神天皇（ホムタワケ、誉田別尊）と言い、ふたりは別人のはずなのになぜか似た伝承をもつ。その理由は物語の元が一緒だからだろう。ヤマト建国と主導権争い（内紛）がもたらした悲劇と、零落した貴種が、呪《のろ》い、祟り、復活した祭司王の話が二つに分かれたのだと思う。

また、吉田修作が指摘したように、八世紀の歴史書編纂の過程で、わけた説話の片方に、アマテラスという『日本書紀』が創作した女神による権威づけを行なったということだろう。

そしてそれよりも問題なのは、七世紀後半から八世紀にかけて暗躍した「反蘇我派」の面々が、「蘇我氏の悪逆非道ぶり」と「反蘇我派の正義」を証明するために、歴史を改竄《かいざん》し、「新たな物証（具体的には法隆寺や周辺の遺物）」をでっちあげ、その過程で、証拠品の数々を「なるべく古くみせかける」という捏造《ねつぞう》工作を行なっていたこと、その一環の中に、『上宮記』が含まれていたと考える。

つまり、『上宮記』の凡牟都和希王（応神）から乎富等大公王《おほどのおおきみ》（継体）へと続く系譜の中で、肝心な人物群が排除されてしまった可能性が高い。もちろんそれが、武内《たけのうち》宿禰《すくね》や蘇我系豪族なのである。

なぜこのような発想を抱いたのか、説明して行こう。

まず、『釈日本紀』は、鎌倉時代に記された『日本書紀』の注釈書だが、引用された『上宮記』の例の系譜の一節は、「上宮記曰《いわく》。一云……」とあって、要はその系譜そのものが本文とは異なる別伝の形で掲載されていた。これは要注意だ。つまり、『上宮記』の本文があって、次に「ある本にはこちらの系譜が載っている」と記されていた。本文には、われわれが知る「一《ある》に云《い》はく」の別伝とはちがう系譜が掲げられていたわけだ。系譜を掲げておきながら異伝も並記したところに、『上宮記』の本質が隠されているように思う。この文書は歴史改竄を企んでいたのではないか。

もうひとつ無視できないのは、『日本書紀』が記事の中で『上宮記』の名を挙げていないこと、その一方で、『上宮記』の記事は『日本書紀』とよく似ているのに、厩《うまや》戸皇子《どのみこ》の妃の名を挙げる場面（下巻注云系譜）に限って、厩戸皇子の妃の第一は膳《かしわで》氏（阿倍氏同族）の女性で、蘇我系の妃が二番目に位置していることが、不思議なのだ。つまり、蘇我系の扱いが後退している。そのため、関根淳は、次のように指摘している。

『上宮記』は「聖徳太子」系であると同時に非蘇我系の帝紀なのである。『上宮記』は天皇記とは対極の位置にある史書であると言えよう（『六国史以前』）。

『上宮記』の「反蘇我的発想」は、無視できない。少なくとも、蘇我全盛期に『上宮記』が完成し、守られてきたという話は、一度疑ってみる必要がある。「聖徳太子」は『日本書紀』の創作した偶像であり、「古い時代に造られた聖徳太子的な『上宮記』」そのものが、不審である。

『上宮記』の仮名遣は古い

やはり、『上宮記』は怪しい。『上宮記』をめぐって、議論は続いている。まず、「『上宮記』の記事は古くて信用すべきだ」とする説から紹介しておく。

継体天皇を新王朝とする主張を、黛弘道は『上宮記』の「用字法」を根拠に反論している。『日本書紀』と『古事記』に、応神から続く系譜が掲げられていないからといって新王朝と考えるべきではないというのだ。『上宮記』の記事はあとから造作して古めかしく見せたという批判もあたらないという（『律令国家成立史の研究』吉川弘文館）。

『上宮記』の用字法が藤原宮木簡《ふじわらのみやもっかん》より古いことを黛弘道は明らかにし、その上で、『上宮記』の「凡牟都和希王」を「ホムツワケ」ではなく「ホムタワケ」と読むべきだと主張している。文章全体から見て、「凡牟都和希王」は垂仁天皇の皇子とは考えられず、応神天皇（ホムダワケ）と考えねばならないという。さらに、「都」も古くは「タ」と訓《よ》んだと指摘した。

黛弘道は、『上宮記』逸文の用字法についてその特徴を次のように述べている。要約しておく。

①仮名は推古朝のそれと一致するものが大部分である。勿論《もちろん》推古朝の仮名が以後の記紀万葉などの諸文献にも用いられていることを無視すべきではないが、『上宮記』逸文の成立年代を推定する上で、右の結果は重要である。

②推古朝の用字に合致せず、記紀万葉などにみられる用字法に合うものは介（け、万葉・『常陸国《ひたちのくに》風土記』）、陁（だ、紀）、奴（の、『正倉院文書』・紀）、尼（に、紀・万葉・新訳『華厳経《けごんきょう》』音義私記）の四字にすぎない。これとても、奴をぬ、尼をねと訓むものと考えれば、推古朝の用字法に合致するのであり、例外はわずかに介と陁の二字にすぎない。

③しかも、推古朝の用字法一般からみても特に古いと思われる仮名に都（た）、希（け）、弥（め）などがある。

これらの特色ある仮名遣の用字法から、『上宮記』は『日本書紀』や『万葉集』よりもはるかに古く、『古事記』よりも古いと指摘した。その上で、「後から古めかして造るのはかなり難しい業であるし、わざわざ、そこまで気を遣ったと考えなくともよかろう」と、『上宮記』の古さにこだわり、凡牟都和希王から乎富等大公王に続く系譜の信頼性を説くのである（前掲書）。

しかし、大きな問題が隠されていると思う。「古い用字法を再現することは難しい」と言うが、新しい仮名遣を『上宮記』に使用していることも事実なのだ。「古い仮名遣が圧倒的に多い」と言うが、なぜ、新しい仮名遣が混じってしまったのだろう。『上宮記』は古くみせかけるための文書だったのではないかと疑いたくなるのである。

なぜ『上宮記』の記事は八世紀の権力者の言うことと同じなのか

第一章に紹介したように、『上宮記』の継体天皇の出生と生い立ちを綴《つづ》った文章が残されている（もちろん逸文）。

その文章を読んでいくと、次第に気味が悪くなってくるのである。『日本書紀』の記事とそっくりだからだ。

歴史書は、それぞれの時代の権力者の思惑を秘めて編纂される。だから、歴史記述も修正（改竄?）され、微妙にずれていくはずなのだ。ところが、ふたつの継体天皇の生い立ちをめぐる記事は、瓜二《うりふた》つなのだ。『日本書紀』と中臣鎌足の伝記『大織冠《たいしょくかん》伝《でん》』の関係を思い浮かべてしまう。『大織冠伝』も『上宮記』も、正史《せいし》（権力者）と同じことを言うのは、薄気味悪いのである。

すでに触れたように、『上宮記』の「上宮」は、聖徳太子の宮の名からきていて、法隆寺関係者が、聖徳太子の伝承を中心にまとめ上げた歴史書ではないかと考えられている。

問題は、法隆寺や周辺に、「古くみせかけるためのアリバイ工作」が、散見できることである。それが、薬師《やくし》如来坐《にょらいざ》像《ぞう》の光背銘や中宮寺の「天寿国曼荼《てんじゅこくまんだ》羅繡帳銘《らしゅうちょうめい》」であり、法隆寺全体が、トリックに溢《あふ》れていて、不気味なのだ。

そこで、もう少し法隆寺の話をしておく。

法隆寺には七不思議の伝承が残るが、哲学者の梅原猛は、新たな七不思議を提示し、法隆寺の謎解きを企てた（『隠された十字架』新潮文庫）。たとえば、太子等身像とされる東院伽《とういんが》藍《らん》（夢殿）の救世《ぐぜ》観音の後頭部に、直接光背が打ち込まれていたことで、恨みを抱く聖徳太子の怨霊《おんりょう》を、法隆寺に封じこめていると結論づけたのだ。

しかし、これは学会から総スカンを食らってしまった。なぜか、聖徳太子の謎解きは学会のタブーでもあるらしいのだ。聖徳太子の実在性を疑った大山誠一たちには、学説で反論するだけではなく、人格攻撃に近い言葉を使って批判する例が多いのだ

（拙著『古代史の闇《やみ》と聖徳太子信仰の謎』三修社）。

やはり、聖徳太子や法隆寺の周辺は、『上宮記』を含めて、薄気味悪いのである。

継体天皇をめぐる謎解きも、まったく無縁ではない。

法隆寺の建造物も、ニセモノだ。まず、現在の法隆寺伽藍は、再建されている。創建法隆寺（若草伽藍）は、焼けてしまったと『日本書紀』は言っている。天智《てんじ》九年（六七〇）に、法隆寺は一屋《ひとつや》も残さず焼け落ちたという。

ところが、火災から七十七年後の天平《てんぴょう》十九年（七四七）に記された法隆寺の正式な報告書である『法隆寺伽藍《ほうりゅうじがらん》縁起《えんぎ》幷《ならびに》流記《るき》資財帳《しざいちょう》』には、法隆寺焼失と再建の記事が出てこないのだ。このため、法隆寺をめぐって論争が勃発《ぼっぱつ》してしまった。しかも一時期、非再建論が優勢に立っていた。最大の根拠は、法隆寺が再建なら、なぜ飛鳥様式なのか、説明がつかないからだ。再建時の寺院建築と比べると、古態を残していて様式が隔絶していた。普通寺院を再建する場合、最先端の設計思想で建立《こんりゅう》される。古い様式を再現した例はなかった。非再建と考えるのが常識だった。

ところが、発掘調査によって、若草伽藍が出現し、ふたつの伽藍は別の場所に、方位をずらして造られていたことがわかった。しかも、焼けた建材と土がみつかっている。

わざと古く見せかけている法隆寺

奈良盆地南部の大和三山の内、天香具《あまのかぐ》山《やま》と耳成山《みみなしやま》の山頂のラインを結んで延長すると、若草伽藍の五重塔にあたり、このラインから六〇度の角度の南西側に、二上山山頂が乗ってくる。つまり、若草伽藍の五重塔は、聖なるラインを形成していて、「そこに建てた意味があった」のに、なぜか再建法隆寺は、大切だった塔の場所をずらし、その上で旧状を再現して、まるで燃えていないかのように装《よそお》い、法隆寺も、火災と移築を、寺の史料に記録しなかったのだ。これはいったい、どういうことだろう。

建物だけではない。仏像も嘘《うそ》をついている。たとえば、法隆寺金堂の本尊のひとつ、薬師如来坐像の光背銘は、法隆寺草創期の様子を今に伝える貴重な金石文《きんせきぶん》と信じられていたが、後世の偽作だったことがわかっている。内容は次のようなものだ。

池辺大宮《いけへのおおみや》治天下天皇《にあめのしたしらしめしすめらみこと》（用明天皇）が病になられたとき、丙午《へいご》・用明元年（五八六）に、大王天皇《おおきみすめらみこと》（推古天皇）と太子（厩戸皇子）を召して、自身の病が治癒することを誓願し、寺を造り、薬師像を造り、仕え奉《たてまつ》りたいと詔《みことのり》した。しかし、崩御され、造ることができなかったため、小治田大宮《おわりだのおおみや》治天下《にあめのしたしろしめしし》大王天皇《おおきみのみこと》（推古天皇）および東宮聖王《ひつぎのみこひじりのおおきみ》（厩戸皇子）は、大命を受けたまい、丁卯《ていぼう》、推古十五年（六〇七）に、寺を建立した。

用明天皇が寺を建立しようとしたが、すぐに亡くなってしまったので、推古天皇と厩戸皇子（聖徳太子）が遺志を継承して法隆寺が建てられたといっている。また、この薬師像そのものも、同時に作られたことになっている。ところが、推古十五年の段階で、「天皇号」は用いられていない。さらに、薬師信仰が、まだ推古天皇の時代には起こっていなかった。ここで、薬師銘のウソは露顕している。そもそも願文《がんもん》を記さず、縁起体を取っていることからして、異例中の異例だった。

町田甲一は薬師像を「擬古作」ではないかと疑った（『日本美術工芸』122　日本美術工芸社）。わざと古く見せかけて造ったのではないかと言うのだ。そう考えるのが普通だ。

もっとも、このような発想をなかなか認めようとしない学者が多い。大西修也は、様式上は飛鳥彫刻を代表する止利《とり》派の作品なのだから、七世紀半ばの制作と指摘している（『日本の古寺美術3　法隆寺Ⅲ〔美術〕』町田甲一企画　保育社）。
しかし、法隆寺の建築そのものが擬古作だった可能性が高いし、擬古作を疑われるのは、薬師像だけではないから大問題なのだ。

「天寿国曼荼羅繡帳銘」も擬古作

中宮寺の「天寿国曼荼羅繡帳銘」には、繡帳が造られたいきさつが刺繡の文字で記されている。それを訳しておく。ちなみに「天寿国」は、仏典には出てこない。定説はないが、「極楽浄土」や「理想郷」、または「あの世」を指している。

推古二十九年十二月二十一日の夕暮れに、聖徳太子の母・孔部間人母王《あなほべのはしひとのははのおおきみ》が崩じ、明くる年の二月二十二日の夜半に太子が崩じた。ときに、太子の后《きさき》の多至波奈大女郎《たちばなのおおいらつめ》（橘大郎女《たちばなのおおいらつめ》）は悲しみ嘆き、祖母・推古天皇に申し出て言うには、「恐れ多いことだけれども、思いは押さえられません。我が大王（聖徳太子）は母王と約束されていたかのようにともに亡くなられてしまいました。胸の痛みは類ないほどです。我が大王は『世間虚仮《せけんこけ》、唯仏是真《ゆいぶつぜしん》』とおっしゃいました。この言葉通り、我が大王はおそらく亡くなられ天寿国に生まれ変わられたのでしょう。けれども、こちら側の人間には、その国の様子を目で見ることはできません。そこで、その国の有り様を図に描いて大王の行かれたところを見てみたいのです」。これを聞いた推古天皇は、哀れに思い、「我が孫の申すこと、もっとも」と述べられ、もろもろの采女《うねめ》らに命じて繡帳二張りを造らせた。描いたのは、東漢末賢《やまとのあやのまけ》や高麗加西溢《こまのかせい》らであった。

この「天寿国曼荼羅繡帳」の記事そのものが、矛盾している。

天寿国繡帳は特殊な造りで、百匹の亀《かめ》の甲羅それぞれに四つずつ文字を羅列し、銘文としている。その前半は欽明《きんめい》天皇以下聖徳太子と橘妃に至る系譜が記録され（訳文は省略した）、残りに、聖徳太子と家族の死、その後、聖徳太子の往《ゆ》かれてしまった天寿国の様子を見てみたいという孫娘の願いを叶《かな》えるために、推古天皇がこの繡帳を作らせた……。

「天寿国曼荼羅繡帳銘」の主張する「繡帳を作ろうとした目的」は、聖徳太子を偲《しの》び悲嘆に暮れる橘妃に、太子の往かれた天寿国の様子を、せめて刺繡にして見せてあげたい、というものだった。そして、見事な「理想郷」の絵柄の芸術的な刺繡が完成した。ところが、刺繡の作者は、ここから奇妙な作業に入る。見せてあげたかった「天寿国の景色」の上に、聖徳太子の家系図と繍帳ができあがる理由を、文字にして刻んだ。邪魔な亀が、百匹も登場して、銘文は自己矛盾を孕《はら》んでしまった。「天寿国曼荼羅繍帳銘」には「天皇号」がちりばめられていて、すでにこの時点で、推古朝のものではなく、「天寿国曼荼羅繍帳」は後世の偽作の可能性が高くなってしまっている。

　実際、「天寿国曼荼羅繍帳銘」の研究が進んで、この銘文が古くないことがわかってきた。銘文で用いられた暦法が儀鳳暦《ぎほうれき》で、儀鳳暦と元嘉暦《げんかれき》が併用された持統《じとう》四年（六九〇）以降に作成されたことが明らかになったのである（金沢英之『國語と國文學』七八―一一　明治書院）。

「天寿国曼荼羅繍帳銘」は、擬古作であり、アリバイ証明ではあるまいか。

一体なぜ、法隆寺の周辺には、こんな奇妙な遺物が残ったのだろう。そしてなぜ、法隆寺の建造物そのものが、擬古作なのだろう。

　瀬間正之は、「天寿国曼荼羅繍帳銘」が七世紀末（持統朝）以降の成立で、しかも古韓音に依拠した仮名が用いられていること、元興寺《がんごうじ》露盤《ろばん》銘、元興寺丈六釈迦仏《じょうろくしゃかぶつ》光背銘といった他の推古朝遺文も古韓音に依拠しているという。これまでは古韓音を共有していることで、みな七世紀前半に造られたと信じられていたが、この理屈は通用しなくなったこと、半島系渡来人によって倭語《わご》の音節を表記するために、古韓音を仮名にしていたのである（『聖徳太子の真実』大山誠一編　平凡社）。

「天寿国曼荼羅繍帳銘」は、擬古作であり、アリバイ証明ではあるまいか。

法隆寺周辺の金石文にこだわったのは、『上宮記』そのものも、これら「何かを古く見せかけるためのカラクリのひとつ」だったと思うからだ。歴史は、巨大な陰謀と、改竄装置によって、ねじ曲げられ、継体天皇の正体が、抹殺されてしまったのではなかったか……。

『上宮記』も、多くの史学者は、「わざわざ古い様式を再現して歴史書（金石文も）を作る理由が分からない」と言ってきた。これが常識であり、「良識」だと決め付けるが、当時の権力者藤原氏には、歴史を書き替える動機は、十分備わっていたし（拙著『藤原氏の正体』新潮文庫）、あらゆる手段を駆使して、蘇我氏を大悪人に仕立て上げ、ヤマト建国に遡《さかのぼ》る蘇我氏の祖の活躍を、抹殺する必要に迫られたのだろう。そして、その中で、鍵《かぎ》を握っていたのが、継体天皇で、この人物の正体を徹底的に抹殺する必要に迫られ、『上宮記』が記されたのではなかったか。

　そこでいよいよ、継体天皇の正体を明らかにしていこう。そのために、七世紀の歴史を詳しく知っておく必要がある。法隆寺や『上宮記』が擬古作だった理由も、はっきりとしてくるはずだ。

継体天皇の改革事業の完成は八世紀

継体天皇をめぐる大きな謎は「なぜ東からやってきたのか」だが、それはすでに述べてきたとおりだ。それ以上に謎なのは、八世紀以降の朝廷が、東を恐れたことにある。越から尾張という、まさに継体天皇の故地とその東側を、政権は「仮想敵」に見立てて、恐れた。都で不穏な動きがあると、必ず三つの関を閉めた。これが三関固守《さんげんこしゅ》であり、謀反人《むほんにん》が東に逃れて挙兵することを防いだのだ。

のちの朝廷は、「継体天皇の亡霊」に怯《おび》えていた。それはいったいなぜだろう。

継体天皇（男大迹王《おおどのおおきみ》）は、尾張や近江、あるいは北部九州から続く日本海勢力と新羅《しらぎ》の加勢を得て、畿内に乗り込んだ。継体天皇は征服王ではなく、新王朝の始祖でもない。ヤマト建国から続く歴史を背負った男であり、だからこそ、一度敗れた者たちの復活にかけた執念に推されて、王に立ったのだ。

ただし、旧勢力（瀬戸内海勢力）の激しい抵抗を受け、思い通りの政策を貫き通すことはできなかった（現実を動かすことは本当に難しい）。尾張系の二人の子が即位するも、王統は手《た》白香皇女《しらかのひめみこ》との間に生まれた欽明天皇側に移ったのだ。

継体天皇の登場によって、一気に改革事業が展開されたと、多くの史学者が認めている。継体天皇は「外から見ていた」から、客観的にヤマト政権の古い体質を見抜き、環日本海文化圏、交易圏の真《ま》っ只中《ただなか》にあって、豊富な知識を得ていたわけで、「このままでは東アジアで立ちおくれる」と思ったのだろう。

継体天皇の遺志を継承したのは蘇我氏で、王家のみならず、物部氏とも婚姻関係を結ぶことによって、政治力を発揮することが可能になった。そして、物部氏は所有する土地と民を差し出して範を示し、多くの豪族たちも、これに倣《なら》ったに違いないのだ。もちろん、反動勢力は現れただろうが、物部氏が真っ先に行動してくれたことが、改革事業を成功に導くはずだったのだ。

外交戦略も、変えざるをえなくなった。隋や唐という統一王朝が出現し、パワーバランスは大きく変化し、高句麗《こうくり》が朝鮮半島の南側に進出する可能性は小さくなった。朝鮮半島諸国は隋や唐の圧倒的なパワーとどう向きあうかを模索し始めたのだ。

蘇我氏の主導する政権は、それまでの百済《くだら》一辺倒ではなく、全方位外交を目指し、隋や唐に使者を送った。そして、隋と唐で整っていく律令制度を採り入れていく。目指したのは中央集権国家だが、だからといって、「強大な権力を持つ皇帝を頂点とした支配システム」を、そのままコピーしたわけではない。日本的な「合議制（太政《だいじょう》官《かん》）による政治体制」に書き替えている。天皇の命令は絶対だが、原則として、天皇は太政官が決定した案件を追認するだけの存在でもあった。天皇の命令を決めるのは、太政官だったのだ。ただし、天皇は法を超越した存在でもあり、のちに藤原氏は、天皇のツルの一声を悪用していくようになるのだが……。

また、この律令が完成するのは大宝元年（七〇一）のことで（大宝律令）、律令整備には数十年以上の年月を必要とした。全国の豪族の土地を奪うことが、いかに大変だったかがわかるし、当然のことながら、この間政情は、不安定だった。

律令整備に至る道のり

律令整備に至るまでに起きた大事件は、乙巳の変（六四五）、白村江《はくすきのえ》の戦い（六六三）、壬申《じんしん》の乱（六七二）と、ひとつひとつが、国家存亡につながりかねない大事件だった。

継体天皇の正体を知る上で、後の世の事件など、まったく関係ないと思われるかもしれないが、そんなことはない。継体天皇の正体を抹殺してしまったのは『日本書紀』で、その理由は、『日本書紀』編纂に至るまでのめまぐるしい政局の中に隠されているはずなのだ。そこで、簡単に事件の内容をおさらいしておこう。

最大の事件は、中大兄皇子《なかのおおえのみこ》と中臣（藤原）鎌足が蘇我入鹿《そがのいるか》を暗殺し、蘇我本宗家を滅亡に追い込んでしまったことだった。これが乙巳の変で、翌年大化改新が断行されたと『日本書紀』はいう。『日本書紀』はこれこそ改革事業と訴え、いまだに多くの史学者が『日本書紀』の主張を信じているが、これは大きな間違いだ。

『日本書紀』は、「蘇我本宗家が邪魔だったから改革事業が一歩も進まなかった」ことを印象付けるために、「蘇我本宗家がいなくなったから、一気に改革は進んだ」という図式を用意したわけだ。

近年、ようやく史学者たちも蘇我氏は改革派だったと、気づき始めているが、だからといって、中大兄皇子と中臣鎌足が「改革を主導した」というかつての常識を捨てようとはしない。それにしても、改革派を潰《つぶ》した改革派とはどのような存在なのだろう。

蘇我入鹿暗殺現場に居合わせた皇極女帝《こうぎょくじょてい》は退位し、弟が即位した。それが孝徳《こうとく》天皇だが、孝徳政権下で中大兄皇子と中臣鎌足はほとんど、活躍していない。にもかかわらず、通説は、「孝徳政権を主導していたのは中大兄皇子と中臣鎌足」と言う。しかし、くどいようだが、『日本書紀』ですら、中大兄皇子と中臣鎌足の政権内部での活躍を、記録できなかった。中臣鎌足は「内臣《うちつおみ》」という得体の知れない役職に就くが、天皇の補佐役のはずなのに、一度も即位後の孝徳天皇とやりとりをかわしていない。中大兄皇子と中臣鎌足が先進の学問を学んだという南淵請安《みなぶちのしょうあん》も、政権入りできなかった。重用されたブレーンは、蘇我氏全盛期から活躍していた僧旻《そうみん》だった。

　皇極天皇も孝徳天皇も親蘇我派で、だから皇極天皇は蘇我氏の地盤・飛鳥の近くに墓（牽牛子塚《けんごしづか》古墳）があるし、孝徳天皇に至っては、蘇我系の血はほとんど入っていないのに、聖徳太子らが眠る蘇我系皇族の墓地群・磯長谷《しながだに》（大阪府南河内郡太子町・河《か》南町《なんちょう》・羽曳野《はびきの》市）に陵墓が造られた。

　中大兄皇子と中臣鎌足が目指していたのは改革ではなく、滅亡の危機に直面していた百済を救援することだった。だから、全方位外交を展開する蘇我氏が邪魔だったのだ。しかも蘇我氏は、歴史的に新羅との関係を重視していたから、親百済派の中大兄皇子や中臣鎌足にとっては敵である。

　しかし乙巳の変は、ただの要人暗殺で終わり、政権転覆には至らなかった。しかも、孝徳天皇は中大兄皇子らの凶行に反発したかのように、百済を敵視し、遣唐使もそれまでは百済経由だったが、新羅経由（この時代、西海岸の一部を新羅は奪っていた）に変更している。

だから、中大兄皇子と中臣鎌足は孝徳朝の要人暗殺を続け、孝徳天皇の最晩年、律令整備の最初の一歩となった難波長柄豊碕宮《なにわのながらのとよさきのみや》（大阪市中央区）を捨てて、飛鳥にもどろうと献策し、受け入れられないとみるや、役人たちを率いて飛鳥に引き上げてしまっている。そして孝徳天皇が崩御したあと強行したのが、無謀とも言える百済遠征だった。

すでに百済は滅亡していたが、日本に救援を求め、人質として長年日本に預けてあった豊璋《ほうしょう》を呼び寄せ、国を再興しようと模索したのだった。しかし、多くの人々は、「この戦争は負けるだろう」と理解していて、中大兄皇子たちの行動を非難している。

なぜ八世紀の朝廷は東を恐れたのか

白村江の戦いで大敗北を喫した中大兄皇子は、唐と新羅の連合軍が攻め寄せてくることを恐れ、西日本各地に山城を構築していく。ただ、新羅が唐から離反し、独立戦争を始めたために、中大兄皇子は命拾いした。唐は敵ではなくなったのだ。そして、都を近江の大津宮に移し、即位した。これが天智《てんじ》天皇だ。

そして、天智天皇が崩御すると、子の大友皇子《おおとものみこ》と大海人皇子《おおあまのみこ》（天智の弟）が王位をめぐって争った。これが壬申の乱で、親百済派（反新羅派）の天智の息子が親蘇我派（親新羅派）の大海人皇子に敗れた。この時、大海人皇子は近江から吉野に逃れ逼塞《ひっそく》していたが、数名の舎人《とねり》とともに東国に逃れ、尾張氏と合流した。近江朝を一気に叩《たた》きつぶした大海人皇子は、都を蘇我氏の地盤・飛鳥に戻し、即位する（天武天皇）。

大海人皇子はなぜ勝利できたのか、大きな謎としかいいようがない。東国に逃れたとき、尾張氏は生け捕りにして近江に差し出すこともできたし、普通はそうするだろう。しかし尾張氏は、館と軍資を提供している。あとから勝敗を知っているからこの行動を不思議と思わないが、政権に楯突く大海人皇子は、大きなお荷物となったはずだ。

問題は、『日本書紀』の態度だ。壬申の乱最大の功労者は尾張氏なのだが、壬申の乱の長い記事（異例の一巻を宛《あ》てている）の中で、尾張氏を無視して登場させなかった。『日本書紀』の次に編纂された正史『続日本紀』が、うっかり記録してしまったために、露顕した。

壬申の乱が勃発して、大友皇子は味方の行動に苦しめられた。蘇我系豪族が裏切り、大海人皇子の勝利を決定的にしている。

大海人皇子は、尾張氏と蘇我氏に助けられたのだ。そして、大海人皇子の軍勢は東側から不破関（岐阜県不破郡関ケ原町。いわゆる関ヶ原）を確保した上で、琵琶湖を両岸から攻め、近江の大津宮を攻め落としている。大友皇子は西に逃れるも、自害。大海人皇子は蘇我氏の地盤である飛鳥に宮を遷《うつ》し、即位した。

大海人皇子が東に推されて近江朝に勝ったという図式を、『日本書紀』は抹殺したかったのだろう。そのために、尾張氏の行動をもみ消したのにちがいない。

こうしてみてくると、蘇我氏だけではなく、大海人皇子も継体天皇の遺志を継承する者だったことがわかる。大海人皇子を後押ししていたのは、継体天皇の支持母体だ。

じつは、八世紀以降に三関固守が行われるようになったのは、「壬申の乱のトラウマ」が原因だったのだ。と言うのも、このあとに続く政権は反天武系（要は天智系）になっていったからだ。

天武天皇の崩御ののち、中臣鎌足の子・藤原不比等《ふひと》が台頭し、天智天皇の娘・持統天皇と手を組んだ。天武を推していた蘇我氏からみれば、「中大兄皇子と中臣鎌足のコンビの再来」であり、悪夢のような話だった。そして藤原不比等は「持統女帝からはじまる観念上の新たな王家（天智系の）」を生み出した。これは、「反天武派」の王家であり、彼らは「親天武」「親蘇我」の人脈を徹底的に潰しにかかった。

こうして、藤原氏のひとり勝ち状態が出来《しゅったい》した。その時点で、藤原政権は、「継体や天武を支持していた東」を、嫌い、警戒したのだ。だから、三関固守が行なわれ、継体天皇の故地を、敵にまわしたのである。

「大々王」の子が「大王」というヒント

それにしても、なぜ天智天皇は反蘇我派で天武天皇は親蘇我派なのだろう。また、天智天皇は親藤原派で、天武天皇は反藤原派と、同母兄弟なのに真逆なのだ。しかも、天智と天武の兄弟仲は最悪で、とある宴席で大海人皇子が床に槍《やり》を突き刺し、激怒した天智が大海人皇子を斬ろうとしたという（『藤氏《とうし》家《か》伝《でん》』）。

中大兄皇子最大の試練は乙巳の変と白村江の戦いだった。どちらも大海人皇子は行動をともにしていない。『日本書紀』は二度の中大兄皇子の危機の場面に大海人皇子の姿を登場させていない。

通説は白村江の戦いに関しては、同行していたと考える。妃のひとり・大田皇女《おおたのひめみこ》が遠征軍に参加していたからだ。しかしこれは、大海人皇子が反旗を翻《ひるがえ》さないための人質であった。

天智と天武はただの兄弟ではなく、『日本書紀』によって抹殺された大きな亀裂《きれつ》が隠されていたのだ。

そこで、天智と天武を分断する二つの大きな流れをおさえなければならない。そしてもちろん、二つの流れを知ることで、継体天皇の正体に一歩近づけるはずだ。

ヒントを提供してくれているのが、『元興寺伽藍縁起幷流記資財帳』だ。例の謎の「大々王」の話をもう一度する。

『元興寺伽藍縁起幷流記資財帳』は、仏教に対する迫害と飛鳥の法興寺（飛鳥寺。のちに平城京に移転し元興寺になる）を建立するまでの、大々王と聡耳皇子《とみみのみこ》（大王）の活躍を描いた、長い物語だ。

ここに登場する謎の大々王は、一般には推古天皇と考えられている。記事に残されたいくつかの条件が、推古天皇に当てはまるからだ。ただし、厳密に言うと、『日本書紀』に記された推古天皇そっくりと言うわけでもない。ここに、奇妙な謎が残されている。

そこで、『元興寺伽藍縁起幷流記資財帳』に示された「大々王の条件」を書き出してみよう。

①豊浦宮《とゆらのみや》（奈良県高市郡明日香村豊浦《とゆら》）で天下を治めていた。
②父が欽明天皇、祖父は蘇我稲目《いなめ》。
③大々王は聡耳皇子（厩戸皇子。聖徳太子）を「わが子」と呼んでいる。また聡耳皇子は大王と記され、その母が大々王という設定になっている。
④物部氏に「わが眷属《けんぞく》（一族）」と呼びかけている。

この四つの条件を満たす人物は、歴史上ひとりも存在しない。それぞれの条件が指し示す人物を挙げてみよう。

①の条件を満たすのは推古天皇。
②の条件を満たすのは推古天皇と穴穂部間人皇女《あなほべのはしひとのひめみこ》。
③の条件を満たすのは、穴穂部間人皇女。『日本書紀』は厩戸皇子の母は穴穂部間人皇女だったといっている。
④物部系の女性ということになるが、推古天皇も穴穂部間人皇女も、当てはまらない。『日本書紀』を信じるならば、ふたりとも蘇我系。

このように、『元興寺伽藍縁起幷流記資財帳』の示す大々王は、推古天皇のようでありながら、穴穂部間人皇女にも似ていて、また、条件は厳密に言うと、ふたりとも当てはまらないことになる。

ここで注意すべきは、七世紀後半に天皇号が用いられる前、ヤマトの王は「大王」と呼ばれていたこと、だから、本来なら、推古天皇の時代のヤマトの王は「大王」で、『元興寺伽藍縁起幷流記資財帳』に登場する「大々王」は後の世の天皇と誤解してしまうのだが、『元興寺伽藍縁起幷流記資財帳』は推古天皇を「大々王天皇」と呼んでいる。つまり、「大々王」を名として使っている。「大々王」は「天皇号」を意味していない。『元興寺伽藍縁起幷流記資財帳』の「大々王」や「大王」は、「天皇」と同意語ではなく、ではなぜ、ややこしい「大々王」と「大王」を用いたのかといえば、「大々王」の子が「大王」と言っているにすぎない。つまり、大々王の子が聡耳皇子だったことを、強調するために、あえて「大々王」と「大王」のコンビが登場したわけである。

つまり、聡耳皇子は『日本書紀』に従えば、穴穂部間人皇女の子だが、『元興寺伽藍縁起幷流記資財帳』は、「推古天皇のような物部系の人物が母だった」ことを強調している。

穴穂部間人皇女の兄弟が怪しい

そこで注目してみたいのが、穴穂部間人皇女なのだ。母は蘇我小姉君《おあねのきみ》で、父は欽明天皇だ。弟に穴穂部皇子と崇峻《すしゅん》天皇がいる。

穴穂部間人皇女は蘇我系の用明天皇に嫁ぎ、生まれた子が厩戸皇子である。この女性が蘇我系の人脈に取り囲まれていることがわかる。

問題は、ふたりの弟、穴穂部皇子と崇峻天皇が、蘇我系の皇族なのに、蘇我氏と仲違いをして、ふたりとも殺されていることなのだ。ここに、大きな謎がある。しかも、物部守屋《もののべのもりや》の滅亡事件と、時代的に重なっているのは偶然とは思えないのだ。穴穂部皇子を推していたのは物部守屋だった。だから、蘇我氏ににらまれたわけである。

ここでひとつ疑問が湧《わ》きあがってくるのは、欽明天皇が物部系の女性をひとりも召し入れていないことなのだ。考古学的にみて、欽明天皇の母親・手白香皇女が物部氏と強く繋《つな》がっていた可能性が強いと説明しておいたが、なぜ、欽明天皇は蘇我氏の女性を複数娶っておきながら、物部系の女性を引き入れなかったのだろうか。もし仮に、継体天皇をヤマト政権側に強く引きつける条件のひとつに「蘇我系の女性を多く娶る」があったとしても、政治はバランスが大切で、物部系の女性も必要だったのではあるまいか。

武烈天皇が即位する直前、物部系の女性をめぐって平群《へぐり》氏と争っていたことが、ここに来て大きな意味をもってこよう。物部氏はヤマト政権最大の豪族であり、ヤマト建国からあと、ヤマトの中枢《ちゅうすう》に立ち続けた。弥生時代後期の吉備で生まれた埋葬文化を原型にして、ヤマトの前方後円墳は生まれた。各地の首長が前方後円墳という埋葬文化を共有することでゆるやかな紐帯《ちゅうたい》が生まれ、これがヤマト建国につながったが、いわゆる「古墳時代（前方後円墳体制）」は、物部守屋が滅ぶ時代まで、継続した。つまり、古墳時代とは物部氏の時代であり、手白香皇女を通じて物部氏と接点があっただろう。欽明天皇が、ひとりも物部系の女性を娶らなかった理由が分からないのである。

『日本書紀』は、蘇我馬子が物部系の女性を娶ったことで、蘇我氏が力をつけたといっているが、天皇家にとってもまったく同じ理屈が通る。物部氏と蘇我氏を競わせ、物部氏の財を得れば、天皇の発言権は増していたはずなのだ。

そして、穴穂部間人皇女が実際には、物部系だったのではないかと思えてくるのである。

「穴穂」は物部？

ひとつの仮説を用意しよう。欽明天皇をめぐる系図の中の小姉君を物部系としてみると、なぜ穴穂部皇子と崇峻天皇が蘇我氏と敵対したのか、その真意が明らかになるはずだ。

まず、「穴穂」の二文字に注目してみたい。「穴穂」や「穴穂部」は、物部氏を連想させる名前なのだ。

五世紀半ばの第二十代安康《あんこう》天皇は、都を石上《いそのかみ》（奈良県天理市）に遷しているが、これを「穴穂宮」と名付けた。「石上」の地名から連想されるのは七支《しちし》刀《とう》で名高い石上神宮（奈良県天理市）だが、ここを祀るのは物部氏で、一帯は物部氏の拠点だった。手白香皇女の御陵も、この近くだから物部氏とつながっていると推理したのだ。

物部氏は交通の要衝である石上をおさえた上で、安康天皇を担《かつ》ぎ上げたということになるが、安康天皇は「穴穂天皇」とも呼ばれていて、「穴穂」といえば石上と物部を連想する。小姉君の二人の子、穴穂部皇子と穴穂部間人皇女は、石上穴穂宮で育てられた可能性が高い。

つまり、小姉君の子らは物部の息のかかった者たちであり、事実穴穂部皇子や崇峻天皇は物部守屋と同じように、蘇我馬子と対立し、殺されてしまった。それはなぜかと言えば、母の小姉君が、本当は物部系だったからではあるまいか。

さらに、『元興寺伽藍縁起幷流記資財帳』に登場した女傑・大々王を「物部系の穴穂部間人皇女」として見つめ直すと、すべての辻褄《つじつま》が合致してくるのである。穴穂部間人皇女（大々王）の子・厩戸皇子は法隆寺（斑鳩《いかるが》寺、若草伽藍）を建立するが、斑鳩の一帯はもともと物部氏の土地で、物部氏から譲ってもらったのは、厩戸皇子が、物部氏の血を引く蘇我系皇族であり、物部氏と蘇我氏が和解した象徴として、法隆寺は建立されたのではなかろうか。

じつは、蘇我系の推古天皇も、物部氏とは縁がありそうなのだ。

推古天皇の諱《いみな》（幼名）は「額田《ぬかた》部《べ》」で、「額田」という場所で育てられたか、「額田氏」に養育された可能性がある。そして、「額田」が物部氏とつながっている。『新撰姓氏録《しょうじろく》』に「額田臣、伊香我《いかが》色雄命之後也《しこおのみことのちなり》」とあるが、伊香我色雄命は物部系の人物だ。また『先代旧事本紀』には、ニギハヤヒの従者の「天斗《あまと》麻《ま》弥命《みのみこと》」が額田《ぬかた》部《べの》湯坐連《ゆえのむらじ》の祖とある。湯坐《ゆえ》部《べ》は皇室の部民（皇族や豪族に隷属《れいぞく》して、労役に就き生産物を貢納した人々）で、皇子や皇女の養育に携わっていた。

やはり推古天皇＝「額田」は、物部氏とつながっている。

『元興寺伽藍縁起幷流記資財帳』が明らかにした系譜

『元興寺伽藍縁起幷流記資財帳』は、欽明天皇の縁者に物部系の女性がからんでいたことを知ってほしかったのではあるまいか。

なぜ『日本書紀』は、欽明天皇のまわりから物部の女性を歴史から排除したのかといえば、最大の目的は、「物部氏と蘇我氏は犬猿の仲だった」にしておかないと、この時代の真実を隠し通せなかったからだろう。

継体天皇の出現によって、日本海勢力と東海勢力が、瀬戸内海勢力と再び手を組むという体制が整った。とはいっても、ヤマト建国からあと、ヤマト政権の中枢に立っていた物部氏にすれば、なるべく思い通りに政局運営をしたかっただろう。だからこそ、物部氏の息のかかった手白香皇女を継体天皇に嫁がせ、さらに継体と手白香皇女の間に生まれた欽明天皇に、小姉君を嫁がせ、蘇我氏に対抗したのだろう。

ここでまず気づかされるのは、これまで蘇我系の皇族と信じられてきた厩戸皇子（聖徳太子）が、実際には蘇我と物部の間の子だったということであり、ここに、瀬戸内海と日本海の長い間のわだかまりが、ようやく解消されたことがわかる。そして、だからこそ、厩戸皇子は時代の寵児《ちょうじ》になっていったわけだ。

『元興寺伽藍縁起幷流記資財帳』に、「大々王が大王（聡耳皇子）に命じて元興寺を造らせた」とあるが、最後の方で、異なる話を載せている。「蘇我馬子（巷《そ》奇《がのう》有明《ま》子《こ》大《おお》臣《おみ》）の長子・善徳《ぜんとこ》を領《かしら》として、元興寺を建てさせた」とある。つまり、『元興寺伽藍縁起幷流記資財帳』は、「元興寺を建てたのは聡耳皇子と言ったが、本当は善徳だ」というのである。これは何を言いたいのだろう。なぜ最後の最後に、『元興寺伽藍縁起幷流記資財帳』は、話をひっくり返したのだろう。大々王に続く、謎かけではないか。

答えは、あっけなく解けると思う。

『日本書紀』編纂の中心に立っていた藤原不比等は、父親・中臣鎌足が改革派の蘇我入鹿を殺したことの正義を、なんとしてでもでっちあげなければならなかった。改革者を大悪人にすり替えねばならなかったのだが、そんなカラクリがどこにあるだろう。

意外に簡単だと思う。蘇我入鹿と蘇我本宗家の改革事業の手柄を、偶像（蘇我系皇族）に預け、その人物を必要以上に礼讃《らいさん》し、聖者に描き、さらに聖者の死後、聖者の子供や一族を、蘇我入鹿に殺させればよいわけだ。蘇我入鹿に聖者殺しのレッテルを貼《は》り、蘇我入鹿は大悪人になり、しかも、蘇我入鹿を鏡で映した聖者の一族は蒸発するように消えてくれる。これが、蘇我入鹿の悪人振りを際立《きわだ》たせるための聖徳太子と山背大兄王（上宮王家）の物語となる。

『先代旧事《せんだいくじ》本紀《ほんぎ》』は、宗我嶋大臣《そがしまのおおおみ》（蘇我馬子）と物部鎌姫大刀自連公《もののべのかまひめのおおとじのむらじきみ》との間の子が豊浦大臣《とゆらのおおおみ》で、蘇我入鹿のことだという。『元興寺伽藍縁起幷流記資財帳』は、物部系の大々王の子が聡耳皇子で元興寺を建てたと言っている。さらに、巷奇有明子（蘇我馬子）の長子が善徳で、元興寺を建てたと言った。ふたりの人物が元興寺を建てたのだと『元興寺伽藍縁起幷流記資財帳』がいっている。また『日本書紀』は、蘇我馬子は物部守屋の妹を娶ったといい、また蘇我馬子には善徳と蝦夷《えみし》が生まれ、蝦夷の子が入鹿だというのだ。

これらの系図を束ねてみると、興味深い事実が浮かび上がってくる。『元興寺伽藍縁起幷流記資財帳』の中で聡耳皇子と善徳が重なり、大々王は『先代旧事本紀』の示す物部鎌姫大刀自連公とつながり、『日本書紀』の言う物部守屋の妹と同一人物だった可能性が高まるのだ。そして、『日本書紀』がたった一か所、一回だけ名を掲げた蘇我善徳こそ、聡耳皇子（厩戸皇子、聖徳太子）であり、蘇我入鹿の正体も、この人物ではないかと思えてくる。そして、蘇我系の『元興寺伽藍縁起幷流記資財帳』や物部系の『先代旧事本紀』は、『日本書紀』によって抹殺された真実の系譜を、数々の隠号や頓知《とんち》を駆使して、後世に知らしめようとしたのではなかったか。

皇極の初婚の相手は蘇我系皇族だった

物部氏と蘇我氏が婚姻関係を結んで、産まれ落ちたのが蘇我入鹿で、『日本書紀』は、手練手管を駆使して、この人物の正体をわからないようにして悪人のレッテルを貼ることに成功したのだろう。

そして、『日本書紀』がどうしても隠したかったのは、皇極天皇と蘇我入鹿の関係ではなかろうか。継体天皇の正体を知るためにも、二人の本当の関係が重要な意味をもってくる。

そもそも皇族としての血が薄く、蘇我氏の血もほとんど入っていない皇極天皇が、なぜ蘇我氏全盛期に即位できたのか、大きな謎なのだ。

『日本書紀』の示した蘇我入鹿暗殺場面の描写にヒントは残されていないだろうか。中大兄皇子に斬《き》りつけられた蘇我入鹿は、皇極天皇の元ににじり寄り、無実を訴える。すると皇極天皇は、「私はなにも聞いてません」と狼狽《うろた》え、息子の中大兄皇子に説明を求めている。「蘇我入鹿は王家を乗っ取ろうとしている」と中大兄皇子は訴え、蘇我入鹿は殺されてしまう。

この皇極天皇の態度から、蘇我入鹿と男女の関係にあったのではないかと疑われてもいる。

第三十五代皇極天皇は夫の第三十四代舒明《じょめい》天皇が崩御して即位したが、舒明は初婚の相手ではなかった。一度蘇我系の用明天皇の孫（あるいは子）の高向王《たかむくのおおきみ》と結ばれ、漢皇子《あやのみこ》を産んでいた。

「高向」という名は、蘇我系の高向氏とかかわりがあったことを示しているが、そもそも「高向」は越（福井県）の地名でもある。母振媛《ふるひめ》が、近江から故郷の越に戻り、高向（福井県坂井市丸岡町）で男大迹王を養育したと『日本書紀』にある。丸岡町に高向神社が鎮座し、祭神は継体天皇と振媛命である。

高向王の子「漢皇子」の「漢」で思い浮かべるのは、東漢氏《やまとのあや》であろう。渡来系豪族だが、物部氏や蘇我氏に仕えた。乙巳の変で甘樫丘《あまかしのおか》が囲まれたとき、最後まで蘇我本宗家を守ろうとしたのが、東漢氏だった。

つまり、皇極天皇の初婚の相手とその子は、蘇我氏ととても近い皇族だったことがわかる。

そして、ここが大切なところなのだが、皇極天皇は、意外な勢力の後押しを受けていたようなのだ。

近江や越と縁の深かった皇極天皇

継体天皇から皇極天皇（宝皇女《たからのひめみこ》）へと続く系譜を並べてみよう。男系は、継体↓欽明↓敏達《びだつ》↓押坂彦人大兄皇子《おしさかひこひとのおおえのみこ》↓茅渟《ちぬ》王↓皇極となり、皇極天皇は敏達天皇の曾孫《ひまご》になる。

肝心なのは、母系だ。皇極の母は吉備姫王で、桜井皇子の娘。その桜井皇子は欽明天皇の子だが、母は堅塩《きたし》媛《ひめ》（蘇我稲目の娘）だ。桜井皇子を通して皇極天皇は、蘇我氏の血をもらい受けていたことになる。

もうひとつ、気になるのは、押坂彦人大兄皇子の系譜だ。父親は敏達天皇で、母親は広姫《ひろひめ》だ。広姫の父は息長真手王《おきながまてのおおきみ》で、息長系となる。敏達の母は石姫皇女《いしひめのみこ》で、宣化《せんか》天皇の娘だ。

この系譜から何が分かるかというと、皇極天皇は「尾張系の宣化天皇（石姫皇女）」、「近江の息長氏（息長真手王）」、「タニハの蘇我氏（堅塩媛）」と、六世紀初頭の継体天皇の出現を後押しした人々とつながっていたことだ。

宣化天皇の代で途切れてしまった尾張系の王家の血（目子《めのこ》媛《ひめ》の血脈）は、皇極天皇に伝わっていたわけだ。さらに、近江の息長氏とつながっていた事実は、軽視できない。ヤマト建国の直前、近江は急速に発展し、前方後方墳を生み出し、伊勢湾沿岸部（尾張の一帯）にも、伝播《でんぱ》していた。ふたつの地域は陸路でつながり、東西交易の結節点を形成し、弥生時代後期には、同じ銅鐸《どうたく》文化圏に属していた。近江と尾張は、やがてヤマトになだれ込み、ここから新たな潮流を生み出していくことになる。

そして、近江の息長氏や和珥《わに》氏は、山背（山城）や奈良盆地北部に進出し、拠点を構え、隠然たる力を持ち、王家に女性を送り込むことに成功していた。彼らの政治的活躍はあまり記録されていないが、王家との近さという点では、特別な存在だった。もちろん、彼らの暗躍がなければ、継体天皇の即位はなかっただろう。

さらに、皇極（宝皇女）の「宝（財）」は越の蘇我系豪族「江野財臣《えののたからのおみ》」の後押しを受けていたことを示している。

皇族として血の薄かった皇極天皇が、はじめ蘇我系皇族と結ばれ、のちに即位していたのは、「継体天皇の尾張系の血筋の執念」ではなかったか。

少なくとも、想像以上に、皇極天皇は、越や近江、東海といった、継体天皇の支持母体と縁が深かったことがわかる。

六世紀に三つの王家が再結集した?

皇極天皇だけではない。夫の舒明天皇も、なぜ蘇我氏全盛期に擁立されたのか、よく分からない人物なのだが、息長氏とは縁が深かった。

皇極元年（六四二）十二月、舒明天皇の殯宮《もがりのみや》の儀礼の中で、息長山田公が「息長足《おきながたらし》日《ひ》広額《ひろぬか》」の諡号《しごう》を奉っている。皇極天皇は舒明天皇の姪《めい》でもあり、やはり舒明天皇も、尾張と息長の血を受けている。舒明、皇極と、二代続いて「尾張と近江」の天皇が続いたのは、偶然ではないだろう。息長氏の実力が勝ったというよりも、蘇我氏の深慮遠謀があったと思う。それは、律令整備のために、わだかまりを捨てさせ、挙国一致体制の構築を急いだのではないか。

蘇我氏は物部氏との和解を、姻戚《いんせき》関係によって打開した。そして、物部氏と蘇我氏の「仲直りの申し子」が蘇我善徳（蘇我入鹿）であり、だからこそ、中大兄皇子と中臣鎌足は蘇我善徳（蘇我入鹿）と蘇我本宗家を滅亡に追い込み、蘇我本宗家と物部氏の功績を抹殺するために、『日本書紀』を編纂したのだった。その過程で、皇極天皇と蘇我氏の本当の関係を、闇に葬《ほうむ》ったのだろう。

すでに触れたように、ヤマトは三つの王家から成り立っていた。そのうちの誰でも、王に立つ権利は持っていたのだろう。もちろん、その時代ごとに、趨勢《すうせい》は変わったし、古い時代ほど、天皇は祭司王としての性格が強かったから、あえて王に立ちたいと思う者も少なかったに違いない。ただ、五世紀にいたり、朝鮮半島で混乱が続き、遠征軍を何度も派遣する内に、ヤマトの王家は東アジアで名を売るようになり、また、統一された指揮系統が求められ、王は次第に政治力を発揮するようになり、五世紀後半には雄略天皇が出現し、中央集権国家造りのきっかけとなったのだろう。

ただし、ここから王家と豪族（実力者）の間に、軋轢《あつれき》が生まれ、「あるべきヤマトの王の姿」の模索が始まったにもかかわらず、王統は混乱し、ヤマトは疲弊したのだ。

こうして登場したのが、応神天皇五世の孫の継体天皇だった。おそらく、継体の祖は日向《ひむか》からやってきた神武と同族で、越に逃れた日本海（タニハ）の貴種のひとりだっただろう。そして瀬戸内海（吉備）が主導するヤマト政権は、三つの王家のひとつ尾張と婚姻関係を結んでいた男大迹王（継体）を、ヤマトに呼び寄せたのだ。ここに、三つの王家がヤマト建国の黎明期を再現して見せたわけである。

抹殺したかったのは大海人皇子と蘇我氏のつながり？

最後に天武天皇の話をしておく必要がある。中世文書の多くは、天智天皇と天武天皇の兄弟関係を逆に捉《とら》えていて、天武天皇が年上だといっている。そこで、天武が兄なら、皇極の初婚の相手・高向王との相手の子・漢皇子こそ、天武の正体ではないかとする大和岩雄らの説がある（『天武天皇出生の謎』六興出版）。たしかに、壬申の乱で勝てるはずのない戦いを制することができたのは、尾張氏が加勢し、近江朝の重臣だった蘇我系豪族が朝廷を裏切ったからだ。天武天皇は親蘇我派で、蘇我氏と尾張氏が後押ししていた。これは天智天皇とは真逆だ。

大海人皇子は蘇我氏全盛期に蘇我氏の期待を背負い、皇位継承候補として抜きん出ていたのだろう。中大兄皇子は皇位に固執していたから、何かしらの妨害工作をしでかした可能性が高い。大海人皇子の支持母体である蘇我氏そのものの屋台骨を突き崩そうと考えただろう。それが、蘇我入鹿暗殺だったが、政権転覆には至らず、要人暗殺で終わった。けれどものちに実権を握って、百済救援を実行している。

大海人皇子は乙巳の変と白村江の戦いの二つの大きな事件に関与していないが、その理由は、大海人皇子が蘇我系で、中大兄皇子と反目していたからだろう。

そして『日本書紀』は、大海人皇子と蘇我氏のつながりを抹殺する必要があって、皇極天皇の初婚の相手の正体を明かすことができず、「蘇我系の高向王」の名を一回だけ登場させたのではなかったか。高向王の正体は、蘇我入鹿（善徳）だったと思う。古代の極悪人のイメージが強すぎるから、「ありえない」と思うのであって、蘇我氏もヤマトの王家の一員であり、日本海勢力の中心メンバーでもある。そして、皇極天皇と蘇我入鹿の間の子こそ、漢皇子＝大海人皇子であり、壬申の乱で近江朝の蘇我氏は、こぞって裏切り、大海人皇子の勝利に貢献したのだろう。

のちに称徳《しょうとく》女帝の崩御によって、天武の王家は途絶え、天智系が復活するが、天皇家の菩提《ぼだい》を弔う泉涌寺《せんにゅうじ》（京都市東山区）が、天武の王家を無視しているのは、天武の父が蘇我入鹿だったからだろう。蘇我入鹿は「蘇我（日本海）」と「物部（瀬戸内海）」の血を引いていて、皇極天皇は「息長や尾張（近江・東海）」系だから、ふたりの結婚はきわめて政治的で、象徴的な「事件」でもあっただろう。

ところで今日的感覚でいえば、皇極と蘇我入鹿の関係は、不敬に見える。しかも、天武の王家は今話題に上っている「女系天皇」ではないかと思われよう。

しかし律令は、女系天皇を認めている。

　養老律令（七五七）に、次の規定がある。

「凡《およ》そ皇《こう》の兄弟、皇子をば、皆親王と為《せ》よ［女帝の子も亦《また》同じ］」

というのだ。天皇の兄弟と子を「親王」と定めた条文だが、本注に、男帝だけではなく、女帝の子も親王として扱うといっている。これは男系主義の中国の律令にはなかったことで、いわゆる「女系天皇」を容認している。

仁藤敦史は『女帝の世紀』（角川選書）の中で「男帝以外の男性と女帝との即位後（あるいは即位前）における婚姻および出産の可能性を視野に入れての立法」と述べている。しかし、これ以前に、女系天皇の誕生は、実際に起きていて、律令が追認していたことを意味していないだろうか。

　そう考えると、皇極天皇と蘇我入鹿が結ばれていたとしても、なんら不思議はないし、だからこそ蘇我入鹿が中大兄皇子の標的になったのだろう。

　蘇我入鹿と皇極天皇が結び付き、大海人皇子が産まれ、この御子こそ、三つの王家の「再出発のシンボル」であり、だからこそ、『日本書紀』は大海人皇子のみならず、蘇我氏や皇極天皇の素姓、物部氏の動き、継体天皇と応神天皇の正体などなど、ヤマト建国から七世紀に至る歴史のことごとくを改竄してしまったのである。

藤原氏は大がかりな歴史の捏造を行なったが、そのカラクリ作りの熱意に、驚きすら感じてしまう。擬古作だらけの法隆寺も、藤原氏のアリバイ工作だろう。そして『上宮記』も……。そこには、応神天皇から継体天皇に続く系譜が掲げられ、『日本書紀』の示した「継体天皇は応神天皇の五世の孫」を裏付けていたのだ。しかし、そもそも応神天皇そのものが、『日本書紀』の歴史改竄のカラクリのひとつだった。ヤマト建国の歴史を隠滅し、真相をわからなくしてしまった。そこから七世紀まで、ウソだらけの歴史が語られたのだが、こうして、継体天皇という座標軸をしっかりと見定めることによって、ヤマト建国から八世紀にいたる歴史の真相は、明らかになってきたのである。

古代史の中心に、継体天皇は立っていたわけである。

おわりに

考古学の発掘調査が進み、三世紀から四世紀のヤマト建国の流れが「物」を通してはっきりと見え始めている。その一方で文献史学は、「継体出現以前の『日本書紀』の記事はあいまいであてにならない」と決め付け、もっぱら「魏志倭人伝」の解読に没頭し、邪馬台国所在地論争に迷い込んだままだ。この結果、実在の英雄たちが活躍するヤマト建国のストーリーが、いつまでたっても浮かび上がってこない。こんなことで良いのだろうか。

今回取り組んだのは、継体天皇を古代史解明の中心に据えることで、ヤマト建国から七世紀に至る血の通った歴史を再現しようとする試みだ。こうすることで、矛盾のない一本の物語が描けると思ったのだ。

まず不可解だったのは、継体天皇が応神天皇の五世の孫という『日本書紀』の設定だ。なぜよりによって、応神天皇がここで登場したのだろう。

九州で生を享《う》けた応神は、神功皇后や武内宿禰に守られヤマトに乗り込んだが、乳《ち》呑《の》み児《ご》の応神を補佐するために、神功皇后は摂政となった。しかも、六十九年間、神功皇后は君臨し、応神は皇太子のままだった。神功皇后が百歳で亡《な》くなり、ようやく応神は即位したと『日本書紀』はいう。この現実離れした「お話」も、信じることはできない。だからこそ、史学者の多くは神功皇后や応神天皇の実在性すら疑ってしまったのだが、無茶な設定を用意した『日本書紀』の意図を、まず推しはかる必要があったと思う。『日本書紀』は、何かを隠し、ごまかしている。

本文で触れてきたように、大阪の住吉大社は『日本書紀』の主張に挑戦状を突きつけていた。住吉大社は仲哀天皇を祀《まつ》っていない。応神天皇は住吉大神と神功皇后の子であったと、主張している。不敬な態度をとる住吉大社を朝廷が潰《つぶ》せず、主張を黙認してきたところに、歴史の真実が残されていると思う。そして、古代史謎解《なぞと》きの鍵《かぎ》は、住吉大神が握っていたのではないかと、新たな仮説が生まれたのだ。

このように、継体天皇と応神天皇は多くの秘密を抱えていて、それは、『日本書紀』がヤマト建国の真相を覆《おお》い隠したために生まれた秘密であったが、ようやく謎解きの糸口を見つけた思いである。

なお、今回の執筆にあたり、新潮社文芸コンテンツ部新潮文庫編集部の高梨通夫氏、校閲部の川口真也氏、歴史作家の梅澤恵美子氏に御尽力いただきました。改めてお礼申し上げます。

主要参考文献一覧

『古事記 祝詞』 日本古典文学大系 （岩波書店）
『日本書紀』 日本古典文学大系 （岩波書店）
『風土記』 日本古典文学大系 （岩波書店）
『萬葉集』 日本古典文学大系 （岩波書店）
『続日本紀』 新日本古典文学大系 （岩波書店）
『魏志倭人伝・後漢書倭伝・宋書倭国伝・隋書倭国伝』 石原道博編訳 （岩波文庫）
『旧唐書倭国日本伝・宋史日本伝・元史日本伝』 石原道博編訳 （岩波文庫）
『三国史記倭人伝』 佐伯有清編訳 （岩波文庫）
『先代舊事本紀 訓註』 大野七三編著 （新人物往来社）
『日本の神々』 谷川健一編 （白水社）
『神道大系 神社編』 神道大系編纂会編 （神道大系編纂会）
『古語拾遺』 斎部広成撰 西宮一民校注 （岩波文庫）
『藤氏家伝 注釈と研究』 沖森卓也 佐藤信 矢嶋泉 （吉川弘文館）
『日本書紀 一 二 三』 新編 日本古典文学全集 （小学館）
『古事記』 新編 日本古典文学全集 （小学館）

『騎馬民族国家』　江上波夫（中公新書）
『白鳥伝説』　谷川健一（集英社文庫）
『よみがえる大王墓・今城塚古墳』　森田克行（新泉社）
『日本古代王朝史論序説』　水野祐（小宮山書店）
『継体大王とその時代』　中司照世　［財］枚方市文化財研究調査会編（和泉書院）
『継体天皇と即位の謎』　大橋信弥（吉川弘文館）
『継体天皇と今城塚古墳』　門脇禎二　高槻市教育委員会編（吉川弘文館）
『井上光貞著作集　第五巻』　井上光貞（岩波書店）
『古墳時代の王権と集団関係』　和田晴吾（吉川弘文館）
『古代を考える　古墳』　岩崎卓也　白石太一郎編（吉川弘文館）
『「前方後方墳」出現社会の研究』　植田文雄（学生社）
『日本古代史の基礎的研究　上』　坂本太郎（東京大学出版会）
『古代の日朝関係と日本書紀』　笠井倭人（吉川弘文館）
『飛鳥の朝廷』　井上光貞（講談社学術文庫）
『日本書紀研究　第二冊』　三品彰英　塙書房
『律令国家成立史の研究』　黛弘道（吉川弘文館）
『謎の大王　継体天皇』　水谷千秋（文春新書）
『天皇の系譜と神話』　吉井巌（塙書房）

『日本の歴史　03　大王から天皇へ』　熊谷公男　（講談社）
『古代国家の解体』　林屋辰三郎　（東京大学出版会）
『六国史以前』　関根淳　（吉川弘文館）
『古墳の時代』　岩崎卓也　（教育社歴史新書）
『巨大古墳と倭の五王』　原島礼二　石部正志　今井堯　川口勝康ほか　（青木書店）
『日本語人の脳』　角田忠信　（言叢社）
『文明に抗した弥生の人びと』　寺前直人　（吉川弘文館）
『農業は人類の原罪である　進化論の現在』　コリン・タッジ　竹内久美子訳　（新潮社）
『橿原市史』　橿原市史編集委員会編　（奈良県橿原市役所）
『天香山と畝火山』　真弓常忠　（学生社）
『天皇の系譜と神話』　吉井巌　（塙書房）
『ヤマトタケル』　吉井巌　（学生社）
『古代の地方史　3　畿内編』　岡田精司　亀田隆之編集　（朝倉書店）
『日田の宝鏡』　木藪正道　（芸文堂）
『日本文学　65巻　3号』　吉田修作　（日本文学協会）
『聖徳太子の真実』　瀬間正之　大山誠一編　（平凡社）
『國語と國文學』　金沢英之　七八―一一　（明治書院）
『日本美術工芸』　１２２　町田甲一　（日本美術工芸社）

『日本の古寺美術3　法隆寺Ⅲ〔美術〕』　町田甲一企画（保育社）
『倭の五王』　藤間生大（岩波新書）
『岩波講座　日本考古学5　文化と地域性』　甘粕健（岩波書店）
『天武天皇出生の謎』　大和岩雄（六興出版）
『越の国シンポジウム　継体大王の謎に挑む』　門脇禎二　越まほろば物語編纂委員会編（六興出版）

この作品は書き下ろしです。

継《けい》体《たい》天《てん》皇《のう》

分断された王朝

新潮文庫 せ - 13 - 14

令和四年十二月一日発行
令和五年一月二十五日二刷

著者 関《せき》裕《ゆう》二《じ》

発行者 佐藤隆信
発行所 株式会社 新潮社
郵便番号 一六二―八七一一
東京都新宿区矢来町七一
電話 編集部(〇三)三二六六―五四四〇
読者係(〇三)三二六六―五一一一
https://www.shinchosha.co.jp

価格はカバーに表示してあります。

乱丁・落丁本は、ご面倒ですが小社読者係宛ご送付ください。送料小社負担にてお取替えいたします。

印刷・株式会社光邦 製本・株式会社大進堂

ISBN978-4-10-136484-1 C0121